D1699684

Jan Hartmann

Offshoring in deutschen Unternehmen

Diplomica® Verlag GmbH

Hartmann, Jan: Offshoring in deutschen Unternehmen, Hamburg, Diplomica Verlag GmbH 2010

ISBN: 978-3-8366-8711-9
Druck: Diplomica® Verlag GmbH, Hamburg, 2010

Bibliografische Information der Deutschen Nationalbibliothek:
Die Deutsche Nationalbibliothek verzeichnet diese Publikation in der Deutschen Nationalbibliografie; detaillierte bibliografische Daten sind im Internet über http://dnb.d-nb.de abrufbar.

Die digitale Ausgabe (eBook-Ausgabe) dieses Titels trägt die ISBN 978-3-8366-3711-4 und kann über den Handel oder den Verlag bezogen werden.

ABBILDUNGSVERZEICHNIS V

TABELLENVERZEICHNIS VI

ABKÜRZUNGSVERZEICHNIS VII

FORMELVERZEICHNIS VIII

1 EINLEITUNG 1

1.1 Einführung in die Thematik 1

1.2 Zielsetzung der Arbeit 1

1.3 Aufbau der Arbeit 2

2 SACHVERHALT INTERNATIONALER STANDORTVERLAGERUNGEN 3

2.1 Begriffserläuterungen 3

2.1.1 Europäische Union 3

2.1.2 Mittel- und Osteuropa 3

2.1.3 Offshoring 3

2.2 Ausländische Direktinvestitionen deutscher Unternehmen 5

3 MOTIVE FÜR DIE STANDORTVERLAGERUNG INS AUSLAND 9

3.1 Kosteneinsparmotive 10

3.1.1 Geringere Personalkosten 10

3.1.2 Niedrigere Standortkosten 12

3.1.3 Geringere Transportkosten 12

3.1.4 Steuervorteile 12

3.2 Absatzmotive 12

3.2.1 Absatzmärkte 12

3.2.2 Imagegewinn 14

3.2.3 Handelshemmnisse 14

3.2.4 Lokale Marktsättigung 16

3.3 Beschaffungsmotive 16

3.3.1 Zugang zu Rohstoffen 16

3.3.2 Fachkräftemangel in Deutschland 17

3.4 Sonstige Motive 17

3.4.1 Bürokratie in Deutschland 17

3.4.2 Wirtschaftsförderungen 17

4 INTERNATIONALE STANDORTWAHL 19

4.1 Markteintrittsstrategien 19

4.2 Verlagerung von Funktionsbereichen 22

4.2.1 Unterstützende Funktionen 23

4.2.2 Forschung und Entwicklung 23

4.2.3 Beschaffung 23

4.2.4 Produktion 24

4.2.5 Marketing und Vertrieb 25

4.3 Standortfaktoren 26

4.3.1 Quantitative Standortfaktoren 26

4.3.2 Qualitative Standortfaktoren 26

4.3.3 Standortfaktoren bei Offshoring-Entschlüssen 27

4.3.3.1 Politische Risiken 28

4.3.3.2 Korruption 29

4.3.3.3 Infrastruktur 29

4.3.3.4 Geografische Gegebenheiten 30

4.3.3.5 Kosten von Offshoring 31

4.3.3.6 Verfügbarkeit und Qualität von Arbeitskräften 32

4.3.3.7 Kulturelle Unterschiede 33

4.3.3.8 Mögliche Qualitätsverschlechterung 34

4.4 Der Offshoring-Prozess 35

4.4.1 Voraussetzung für Offshoring 35

4.4.2 Standortentscheidungsprozess 35

4.4.2.1 Diagnose   36

4.4.2.2 Informationsbedarfsanalyse   37

4.4.2.3 Alternativvorauswahl   38

4.4.2.4 Alternativbewertung   39

4.4.2.5 Entschluss   40

4.5 Methoden zur Standortentscheidungsfindung   40

4.5.1 Quantitative Bewertungsverfahren   40

4.5.2 Qualitative Bewertungsverfahren   42

5 STANDORTE FÜR AUSLANDSVERLAGERUNGEN   55

5.1 Vergleich wichtiger Offshoring-Regionen   56

5.2 Die wichtigsten Offshoring-Regionen   57

5.2.1 Mittel- und Osteuropa   57

5.2.2 China   61

5.2.3 Westeuropa   62

5.2.4 Indien   63

5.2.5 Nordamerika   64

6 OFFSHORING-VERHALTEN DEUTSCHER UNTERNEHMEN   65

6.1 Größe der verlagernden Unternehmen   65

6.2 Branche der verlagernden Unternehmen   67

6.3 Produkte der verlagernden Unternehmen   69

7 OFFSHORING AM BEISPIEL DER WIEDENMANN GMBH   71

7.1 Verlagerungsstandort Ungarn   71

7.1.1 Absatzmarkt   72

7.1.2 Lohnkosten und Verfügbarkeit von Arbeitskräften   72

7.1.3 Ausbildungsniveau   73

7.1.4 Infrastruktur   73

7.1.5 Inflation   74

7.1.6 Handelsbarrieren   74

7.1.7 Arbeitsbedingungen   75

7.1.8 Wirtschaftspolitik   75

7.1.9 Starker Wettbewerb   76

7.1.10 Investitionsförderung   76

7.1.11 Hilfe für ausländische Investoren   76

7.2 Das Unternehmen   77

7.2.1 Zielmärkte   77

7.2.2 Motiv für Offshoring-Entscheidung   77

7.2.3 Verlagerungsprozess   77

7.2.4 Länder- und Standortanalyse   78

7.2.5 Verlagerungshindernisse und nachträgliche Erkenntnisse   79

7.2.6 Erzielte Erfolge   80

8 ZUSAMMENFASSUNG UND AUSBLICK   81

LITERATUR- UND QUELLENVERZEICHNIS   83

Abbildungsverzeichnis

Abbildung1: Offshoring vs. Outsourcing 4

Abbildung2: Deutsche Direktinvestitionen in den Jahren 2005 bis 2007 unterteilt in Kontinente 6

Abbildung3: Deutsche Direktinvestition in ausgesuchte Länder 7

Abbildung4: Verlagerungsmotive deutscher Unternehmen 9

Abbildung5: Lohnkosten von Industriearbeitern im Vergleich 11

Abbildung6: Beispiele für sinkende Handelsbarrieren 16

Abbildung7: Eintrittsstrategien 19

Abbildung8: Wichtige Faktoren bei Direktinvestitionen 28

Abbildung9: Anstieg der Bruttogehälter 2005 32

Abbildung10: Mentalitätsvergleich zwischen den USA und Japan 34

Abbildung11: fiktives Beispiel für eine Wandlung in Erfüllungsgrade von Standortfaktoren 45

Abbildung12: beispielhafte Darstellung eines Standortportfolios 48

Abbildung13: Kriterien des ORI-Indexes 49

Abbildung14: Kriterien des PRI-Indexes 50

Abbildung15: Scoring-Tabelle zur Ermittlung des R-Factors 51

Abbildung16: Zielregionen Verlagerungen zwischen 2001 und 2006 55

Abbildung17: Vergleich der wichtigsten Offshoring-Länder 56

Abbildung18: Investitionen und Handel mit den zehn neuen EU-Staaten in Milliarden Euro 58

Abbildung19: Aktivitäten deutscher Unternehmen in den 10 neuen EU-Staaten 58

Abbildung20: Marktgröße und Marktwachstum der 10 neuen EU-Mitgliedsstaaten 59

Abbildung21: Vergleich wichtiger Punkte der zehn neuen EU-Staaten 60

Abbildung22: prozentualer Anteil zufriedener Firmen in MOE 61

Abbildung23: Unternehmen und deren bisherige Offshoring-Aktivitäten 65

Abbildung24: Offshoring-Aktivität abhängig von der Größenklasse 66

Abbildung25: zeitliche Entwicklung der prozentualen Anteile an Auslandsverlagerungen bei unterschiedlichen Größenklassen 67

Abbildung26: Offshoring Aktivitäten abhängig vom Industriezweig 68

Abbildung27: zeitliche Entwicklung der Anteile der verschiedenen Industriezweige 69

Abbildung28: Produktionsstandorte im Zusammenhang mit der Komplexität der Produkte 70

Abbildung29: Inflationsrate Ungarns von 1997 bis 2008 74

Tabellenverzeichnis

Tabelle1: Korruptionsindex ausgewählter Länder aus dem Jahr 2008 29

Tabelle2: Exemplarische Berechung von Standortnutzwerten 44

Tabelle3: Beispiel für Standortprofil nach Uphoff 46

Tabelle4: BERI-Risikobewertung ausgewählter Länder 52

Tabelle5: Geplante (Teil) Produktionsverlagerung nach Branchen 68

Tabelle6: Aktivitäten Deutschlands in ausgewählten Ländern (2003) 71

Tabelle7: Deutsche Direktinvestitionen in Ungarn und weltweit nach Branchen (2003) 72

Abkürzungsverzeichnis

Bsp.	Beispiel
bspw.	beispielsweise
f.	folgende
ff.	fort folgende
Mio.	Millionen
Mrd.	Milliarden
o. V.	ohne Verfasser
vgl.	vergleiche
BWI	Baden-Württemberg International
DEG	Deutsche Entwicklungsgesellschaft
DUIHK	Deutsch-Ungarische Industrie- und Handelskammer
FHG ISI	Fraunhofer-Gesellschaft Institut für System- und Innovationsforschung
ITDH	Investment and Trade Development Agency Hungary
KfW	Kreditanstalt für Wiederaufbau
NAFTA	North American Free Trade Association
WKM	Wechselkursmechanismus
WTO	World Trade Organization
CAGR	Compound Annual Growth Rate (durchschnittliche jährliche Wachstumsrate)
FDI	Foreign Direct Investment (internationale Direktinvestition)
FuE	Forschung und Entwicklung
IT	Informationstechnik
BERI-Index	Business Environment Risk Intelligence Index
ORI-Faktor	Operational Risk Index
PRI-Faktor	Political Risk Index
R-Faktor	Repatriation Risk Index
POR-Index	Profit Opportunity Recommendation Index
BIP	Bruttoinlandsprodukt
BSP	Bruttosozialprodukt
CAD	Computer Aided Design
CAM	Computer Aided Manufacturing
CIM	Computer Integrated Manufacturing
CNC	Computerized Numerical Control
EU	Europäische Union
GUS	Gemeinschaft unabhängiger Staaten
MOE	Mittel- und Osteuropa
USA	United States of America
UK	United Kindom

Formelverzeichnis

Formel1: Berechnungsformel für den Ähnlichkeitsfaktor 47

1 Einleitung

1.1 Einführung in die Thematik

Täglich berichten die Medien von Unternehmen, die die Entscheidung treffen, Standorte ins Ausland zu verlagern.[1]

Der reine Export von Waren und Dienstleistungen reicht in vielen Branchen heute nicht mehr aus, um Kundenbedürfnissen und den Herausforderungen die die internationale Konkurrenz mit sich bringt, gerecht zu werden.[2] Der immer größer werdende Wettbewerbsdruck in Deutschland zwingt daher derzeit viele Unternehmen ihren bisherigen organisatorischen Aufbau und strategische Verhaltensweisen neu zu überdenken. Durch die europäische Wirtschafts- und Währungsreform und die zunehmende Globalisierung ist ein offener Wettbewerb entstanden.[3] Unternehmen müssen zur Erhaltung ihrer Wettbewerbsfähigkeit die Vorteile von internationalen Standorten durch Investitionen ins Ausland nutzen.[4] Nicht mehr nur Großunternehmen und Konzerne sind davon betroffen. Auch kleine und mittlere Unternehmen sehen sich mit dem Problem des Wettbewerbdrucks konfrontiert. Auch sie müssen Vertriebs- und Produktionsstandorte außerhalb ihrer vertrauten Heimatregion aufbauen.[5]

Durch seine Exportabhängigkeit ist Deutschland eines der Länder, das mit am stärksten in das globale Wirtschaftsnetz eingebunden ist und den internationalen Wettbewerbsdruck ausgesetzt ist.[6]

Die Möglichkeiten, Kosten durch Auslandsverlagerung in so genannte Niedriglohnländer einzusparen oder neue Märkte zu erschließen, sehen daher viele Unternehmen als Chance, dem Wettbewerbsdruck stand zu halten und ihr Bestehen zu sichern.[7]

Der rasante Fortschritt in der Telekommunikation trägt dazu bei, dass Unternehmen heute die Möglichkeit haben verschiedene Tätigkeiten oder Prozesse ins Ausland zu verlagern. So können beispielsweise Aufgaben im Ausland erbracht werden und digitalisiert in das Heimatland transferiert werden. Der Ausbau von Breitband Datenleitungen, die damit verbundene Ausbreitung des Internets und der Zugriff auf Datenbanken unabhängig vom jeweiligen Standort tragen zu einer Unabhängigkeit des Standorts bei.[8] Auch die Verbesserung von Transportbedingungen und die Liberalisierung des Handels sind Indikatoren, die dazu führten, dass Unternehmen Tätigkeiten leichter ins Ausland verlagern können.[9]

1.2 Zielsetzung der Arbeit

Diese Arbeit gibt Unternehmenschefs, Managern und Endscheidungsträgern von Verlagerungsprozessen, die zukünftige Offshoring-Aktivitäten planen oder sich bereits in der Verlagerungsphase befinden, eine Hilfestellung. Darüber hinaus soll die Arbeit Risiken aufzeigen und Werkzeuge vermitteln, um eine Standortentscheidung durchzuführen.

---

[1] Vgl. Peters, Reinhardt, Seidel (2006) Vorwort

[2] Vgl. Autschbach (1997) S. 1

[3] Vgl. Merten (2004) S. 99

[4] Vgl. Autschbach (1997) S. 1

[5] Vgl. Hummel (1997) S. 17

[6] Vgl. Peters, Reinhardt, Seidel (2006) S.8

[7] Vgl. Peters, Reinhardt, Seidel (2006) S.8

[8] Vgl. Hutzschenreuter, Dresel, Ressler (2007) S. 2

[9] Vgl. Wiesner (2005) S. 21

Die vorliegende Arbeit versucht des Weiteren auf folgende Fragen eine Antwort zu finden:

- Welche Motive führen zu Offshoring-Entscheidungen deutscher Unternehmen?

- Was sind die generellen Einflussfaktoren bei einer internationalen Standortentscheidung?

- Wie sind die verschiedenen Phasen der internationalen Standortwahl strukturiert und wie laufen deren Prozesse ab?

- Mit welchen Methoden können Standorte für Verlagerungen ausfindig gemacht werden?

- Was sind die wichtigsten möglichen Zielregionen deutscher Unternehmen?

1.3 Aufbau der Arbeit

Das zweite Kapitel beschäftigt sich mit verschiedenen Begriffsdefinitionen die nötig sind, um die erläuterten Sachverhalte der Arbeit zu verstehen. Außerdem wird der Begriff *Direktinvestition* erklärt und mit Daten und Fakten belegt.

Das dritte Kapitel befasst sich mit den Motiven, welche deutsche Unternehmen dazu veranlassen, Unternehmensbereiche ins Ausland zu verlagern. Hier werden die Motive ausführlich dargestellt und weiterführende Informationen geliefert.

Das vierte Kapitel bildet den Kern dieser Arbeit. Hier wird zunächst dargestellt mit welchen Fragen sich ein Unternehmen im Vorfeld beschäftigen muss, wenn es einen Offshoring-Prozess durchführen will. Danach wird der Begriff *Standortfaktor* erläutert und die wichtigsten dieser Faktoren, die eine Verlagerung beeinflussen, dargestellt. Im Anschluss wird der Prozess der internationalen Standortwahl ausführlich beschrieben. Darauf aufbauend werden Schritt für Schritt die einzelnen Phasen und Prozesse erklärt, wie eine internationale Standortwahl vollzogen werden kann. Hier wird auch eine Vielzahl von Methoden beschrieben, die einem Entscheidungsträger zur Verfügung stehen, um einen optimalen Standort auszuwählen.

Das fünfte Kapitel beschäftigt sich mit potenziellen Zielländern für eine Auslandsverlagerung. Hier werden die wichtigsten Regionen für eine Auslandsverlagerung genauer betrachtet und Vor- und Nachteile dargestellt.

Im sechsten Kapitel wird das Offshoring-Verhalten deutscher Unternehmen detailliert untersucht. Es wird untersucht, wie sich die Größe des Unternehmens auf das Offshoring-Verhalten auswirkt, welche Rolle die Branche des Unternehmens spielt und wie das Produkt eine Verlagerung beeinflusst.

Im siebten Kapitel wird ein Offshoring-Prozess anhand eines Beispiels aus dem Maschinenbau dargestellt und dessen Standortregion Ungarn näher untersucht.

Im achten und letzten Kapitel werden die Erkenntnisse dieser Arbeit kurz zusammengefasst und ein Ausblick zum Thema Offshoring gegeben.

2 Sachverhalt internationaler Standortverlagerungen

2.1 Begriffserläuterungen

Zum besseren Verständnis verschiedener Sachverhalte erfolgt zunächst eine Erläuterung wichtiger Begrifflichkeiten.

2.1.1 Europäische Union

Seit 2007 umfasst die Europäische Union (EU) 27 Länder. Die letzten beiden Beitrittsländer waren am 1. Januar 2007 Bulgarien und Rumänien. Zuvor traten am 1. Mai 2004 zehn Länder aus Süd-, Mittel-, und Osteuropa bei (*siehe nachfolgendes Kapitel 2.1.2 Mittel- und Osteuropa*). Die bis 2004 zur EU gehörenden Länder bezeichnet man heute auch als EU-15 Staaten. Diese 15 Länder waren Deutschland, Frankreich, Belgien, Niederlande, Luxemburg, Italien, Dänemark, Großbritannien, Irland, Griechenland, Spanien, Portugal, Österreich, Schweden und Finnland.[10]

2.1.2 Mittel- und Osteuropa

Im Allgemeinen versteht man als „Mittel- und Osteuropa" (MOE), welches oft auch einfach nur als „Osteuropa" bezeichnet wird, im engeren Sinne die EU-Beitrittsländer der Erweiterung von 2004. Dazu zählen die Länder Estland, Lettland, Litauen, Malta, Polen, Slowakei, Slowenien, Tschechien, Ungarn und Zypern.[11]

Im weiteren Sinne kommen noch zwei weitere Regionen dazu, welche zu MOE gezählt werden können. Der Balkan mit Kroatien, Bosnien-Herzegowina, Serbien, Montenegro, Mazedonien, Albanien, Bulgarien und Rumänien, sowie die europäischen Länder der Gemeinschaft unabhängiger Staaten (GUS) mit Russland, Weißrussland, der Ukraine und Moldawien.[12]

Je nach Definition (engere oder weitere) ist daher darauf zu achten, welche Länder schlussendlich gemeint sind. In dieser Arbeit wird, falls nichts anderes angegeben die engere Definition von Mittel- und Osteuropa verwendet.

2.1.3 Offshoring

Offshoring ist kein wissenschaftlich definierter Begriff und die gängigen Verwendungsweisen variieren. Daher ist es nicht einfach den Begriff allgemeingültig zu definieren.[13]

Der Begriff Offshoring hat seinen Ursprung im englischen Wort „offshore", was soviel wie „ablandig" oder freier übersetz „vor der Küste" bedeutet.[14] In solche Gebiete, wie den karibischen Inseln, verlagerten in den 70er- und 80er-Jahren US-amerikanische Unternehmen einfache Datenerfassungsdienste. Offshoring ist daher eine Form der Auslagerung von Aufgaben aus Unternehmen in Hochlohnländer in Niedriglohnländer, sowie die Nutzung von Ressourcen der Offshore-Länder.[15] Oft werden diese Aufgaben von externen Anbietern übernommen. Dies ist aber nicht zwingend notwendig. Die Leistungen

---

[10] Vgl. o. V. (2007b) S. 1

[11] Vgl. Kaufmann, Panhans (2006) S. 27

[12] Vgl. Kaufmann, Panhans (2006) S. 27

[13] Vgl. Boes, Schwemmle (2004) S. 17

[14] Vgl. Wenning (2006) S. 17

[15] Vgl. Boes, Schwemmle (2004) S. 17

können auch aus dem eigenen Unternehmen heraus, durch Tochterunternehmen oder Unternehmenseinheiten im Ausland erbracht werden.[16]

Nearshoring und Offshoring

Bei Nearshoring und Offshoring wird zwischen den Offshore-Ländern differenziert. Differentzierungspunkt ist hier die geografische Nähe zum Land des auslagernden Unternehmens.[17]

- Von Offshoring oder auch Farshoring spricht man nur, wenn auf einen anderen Kontinent ausgelagert wird.

- Nearshoring bezeichnet die Verlagerung innerhalb eines Kontinents, aber außerhalb des verlagernden Landes.

Im Fall Deutschland sind Nearshore-Länder beispielsweise Staaten in Osteuropa, während China und Indien Beispiele für Offshore-Länder sind.[18]

Da in der Literatur häufig Farshoring und Nearshoring allgemein als Offshoring bezeichnet werden, steht auch in dieser Arbeit der Begriff Offshoring zur Vereinfachung stellvertretend für die Bezeichnungen Farshoring und Nearshoring.

Offshoring vs. Outsourcing

Oft ist es so, dass die Begriffe Offshoring und Outsourcing gleichbedeutend behandelt werden, was aber ein Irrtum ist.[19]

Outsourcing ist eine Fremdvergabe ehemals im Unternehmen erstellter Leistungen. Die zu erstellende Leistung kann hier sowohl an Dienstleister im Ausland als auch im Inland (Onshore Outsourcing) vergeben werden[20]

Offshoring kann sowohl eine Fremdvergabe an externe Dienstleister sein. Dabei spricht man von Offshore-Outsourcing. Häufig wird die Leistung aber durch die Bildung von Tochterunternehmen oder die Bildung von Joint-Venture-Unternehmen unter Beteiligung ortsansässiger Unternehmen erstellt. Dabei spricht man dann auch von Capative Offshoring.[21]

Die folgende Abbildung dient zum Verständnis des oben genannten Sachverhalts.[22]

---

[16] Vgl. Schaaf (2004) S. 1

[17] Vgl. Dressler (2007) S. 126

[18] Vgl. Dressler (2007) S. 126

[19] Vgl. Dressler (2007) S. 122

[20] Vgl. Dressler (2007) S. 122

[21] Vgl. Boes, Schwemmle (2004) S.18 f.

[22] Vgl. Schaaf (2005) S. 1

Offshoring-Typen

	National	International
Fremdvergabe	Onshore Outsourcing	Offshore Outsourcing
Eigenerstellung	Interne inländische Leistungs- erstellung	Captive Offshoring

Abbildung 1: Offshoring vs. Outsourcing

In dieser Arbeit wird nur der Sachverhalt des Capative Offshoring beschrieben. Das heißt, der Prozess wird weiterhin in Eigenherstellung im Ausland durchgeführt.

2.2 Ausländische Direktinvestitionen deutscher Unternehmen

Eine Erfassung von ausländischen Direktinvestitionen dient der Auskunft über die Kapitalverflechtung zwischen Deutschland und dem Ausland.[23] Der Begriff der Direktinvestition ist in der Literatur ebenfalls nicht einheitlich definiert.[24] Darüber einig ist man sich allerdings, dass Direktinvestitionen Kapitalanlagen sind, „...die von Investoren in der Absicht vorgenommen werden, einen unmittelbaren Einfluss auf die Geschäftätigkeit des kapitalnehmenden Unternehmens zu gewinnen...".[25]
Der Erwerb bzw. die Gründung von Tochterunternehmen, Zweigniederlassungen, Betriebsstätten und Beteiligungen an Unternehmen, um einen Einfluss auf das Unternehmen ausüben zu können, sowie die Darlehensgewährung im Rahmen dieser Transaktionen sind somit als Direktinvestitionen zu verstehen.[26]

Einmal jährlich veröffentlicht die Deutsche Bundesbank die Zahlen deutscher Direktinvestitionen ins Ausland. Diese Zahlen entstehen aufgrund einer Meldepflicht ausländischer Direktinvestitionen für inländische Unternehmen und Privatpersonen. Meldepflichtig sind Unternehmen und Privatpersonen, welche mehr als 10 % der Anteile oder Stimmrechte am ausländischen Investitionsobjekt haben (bis Ende 1998 lag diese Grenze noch bei 20 %). Darüber hinaus gibt es seit März 2003 eine Meldefreigrenze von 3 Mio. Euro, die sich auf die Bilanzsumme der Investitionsobjekte bezieht.[27]

---

[23] Vgl. Deuster (1996) S. 7

[24] Vgl. Beck (2005) S. 12

[25] Prognos (1977) S. 140

[26] Vgl. Prognos (1977) S. 140 und Beck (2005) S. 13

[27] Vgl. o. V. (2009a) S. 65

In nachfolgender Abbildung sind deutsche Direktinvestitionen in den Jahren 2004 bis 2007 unterteilt nach Kontinenten grafisch dargestellt. Hier erkennt man, dass im Jahr 2007 etwa 879.322 Millionen Euro also Direktinvestition ins Ausland gingen.[28]

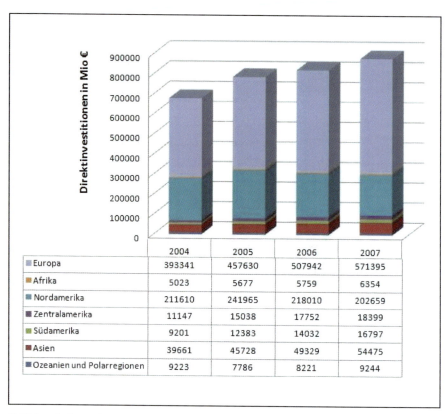

	2004	2005	2006	2007
Europa	393341	457630	507942	571395
Afrika	5023	5677	5759	6354
Nordamerika	211610	241965	218010	202659
Zentralamerika	11147	15038	17752	18399
Südamerika	9201	12383	14032	16797
Asien	39661	45728	49329	54475
Ozeanien und Polarregionen	9223	7786	8221	9244

Abbildung2: Deutsche Direktinvestitionen in den Jahren 2005 bis 2007 unterteilt in Kontinente

Der Großteil von 70,8 % der Investitionen ging nach Europa. Davon gingen 15,9 % in die Staaten Mittel- und Osteuropas. Die Spitzenreiter am Anteil europäischer Direktinvestitionen sind das Vereinigte Königreich (21,6 %), Frankreich (8,7 %), Niederlande (8,5 %) und Luxemburg (8,3 %). Dies sind gleichzeitig auch die Länder mit dem größten Anteil an deutschen Direktinvestitionen. Nur in die USA fließt noch mehr Kapital.[29]

An zweiter Stelle folgt Amerika. Hierhin fließen 20,5 % deutscher Direktinvestitionen. Davon gehen 85,2 % nach Nordamerika und davon 96,6 % in die USA.[30]

Die restlichen 8,7 % gehen nach Asien, Afrika, Ozeanien und in die Polargebiete. Nach China gehen lediglich 1,72 %, nach Indien 0,5 % und nach Japan 1,0 % der gesamten deutschen Direktinvestitionen.[31] Diese niedrigen Werte verwundern zunächst. Wichtig ist hier aber die Überlegung, dass es sich bei diesen Werten um Kapital handelt, welches in die jeweiligen Länder fließt und nicht um den Anteil an deutschen Unternehmen, die eine

---

[28] Vgl. o. V. (2009a) S. 12 ff.

[29] Vgl. o. V. (2009a) S. 12 ff. eigene Berechnungen

[30] Vgl. o. V. (2009a) S. 12 ff. eigene Berechnungen

[31] Vgl. o. V. (2009a) S. 12 ff. eigene Berechnungen

Verlagerung ins Ausland durchführten. So haben sich die Anlagen in der Volksrepublik China von 1994 bis 2004 verzehnfacht und liegen derzeit bei 8,5 Mrd. Euro.[32]

Um das oben dargestellte Zahlenmaterial zu veranschaulichen wird es in folgender Tabelle nochmals grafisch dargestellt.[33]

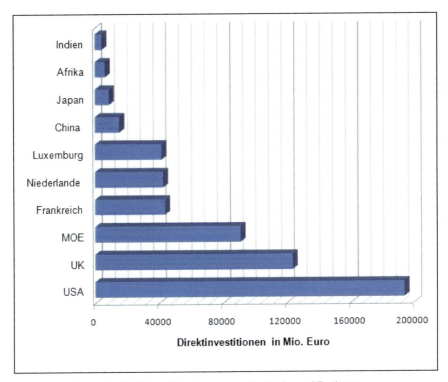

Abbildung3: Deutsche Direktinvestition in ausgesuchte Länder und Regionen

Für weitere genauere Betrachtungen sei hier auf die Homepage der Deutschen Bank hingewiesen. Dort befinden sich verschiedenste Zahlen, Daten, Fakten und Erhebungen rund um das Thema Direktinvestitionen, mit bspw. Unterteilungen in einzelne Zielländer und Branchen.

Grundsätzlich lassen sich Direktinvestitionen in zwei Gruppen unterscheiden:[34]

• Horizontale Direktinvestition
• Vertikale Direktinvestition

---

[32] Vgl. o. V. (2006c) S. 48

[33] Eigene Darstellung

[34] Vgl. Deuster (1996) S. 13

Horizontale Direktinvestition

Diese Form der Direktinvestition ist dadurch gekennzeichnet, dass das Unternehmen im Inland sowie im Ausland identische oder in ihrer Funktion ähnliche Güter mit gleichen oder ähnlichen Faktoreinsatz herstellt. Daher werden also keine Unternehmensfunktionen im inländischen Standort aufgelöst und ins Ausland verlagert, sondern sie sind doppelt vorhanden. Die beiden Standorte sind daher von einander unabhängig.[35]
Gründe für die Durchführung einer solchen Direktinvestition sind bspw. die dadurch resultierenden geringeren Transportkosten, da man bspw. Fertigungsteile von Zulieferern vor Ort verwerten kann oder eine geografische Nähe zu Märkten.[36]

Vertikale Direktinvestition

Hier werden Bereiche vom Mutterunternehmen im Inland ins Ausland verlagert. Es findet also eine Aufspaltung zwischen in- und ausländischen Standort statt. Dies bedeutet, dass die beiden Standorte voneinander abhängig sind.[37]
Ein Beispiel hierfür ist, dass Forschung und Entwicklung meist in hoch entwickelten Volkswirtschaften stattfinden, da hier ausreichendes Kapital und qualifizierte Arbeitskräfte vorhanden sind.[38]
Des Weiteren werden zumeist arbeitsintensive Produktionsprozesse in Länder mit niedrigerem Lohnniveau verlagert. Das Motiv der Kostenersparnis gilt als treibende Kraft hinter vertikalen Direktinvestitionen.[39]

---

[35] Vgl. Deuster (1996) S. 13
[36] Vgl. o. V. (2006c) S. 53
[37] Vgl. Deuster (1996) S. 16
[38] Vgl. Deuster (1996) S. 16
[39] Vgl. o. V. (2006c) S. 53

3 Motive für die Standortverlagerung ins Ausland

Zunächst stellt sich einmal die Frage nach den Motiven der Auslandsverlagerung von deutschen Unternehmen. Die Literatur liefert hierzu eine Vielzahl von Erklärungsansätzen. Für viele Unternehmen steht fest, dass sie lieber am heimischen Markt fertigen würden, dies aber aufgrund der Entwicklung in ihrem unternehmerischen Umfeld nicht möglich ist. Wachsende Konkurrenz, ein attraktiver Auslandsmarkt, niedriger Kosten oder Nähe zum Kundenstamm sind nur wenige Gründe, warum ein Unternehmen ins Ausland auslagert.[40] Die Gründe für eine Auslandsverlagerung sind vielseitig und unterscheiden sich von Unternehmen zu Unternehmen. Hier spielen Faktoren, wie Größe des Unternehmens oder auch die Branche eine Rolle.[41] Normalerweise ist nicht ein einzelnes Motiv der ausschlaggebende Grund, der für eine Auslandsverlagerung spricht, sondern vielmehr ein Motivbündel.[42]

Unternehmen, die über eine Standortverlagerung nachdenken, haben stets individuelle Motive.[43] Eine Umfrage des Statistischen Bundesamtes aus dem Jahr 2008, bei dem über 20.000 Unternehmen aus fast allen Bereichen der Wirtschaft befragt wurden, kam zu nachfolgendem Ergebnis.[44]

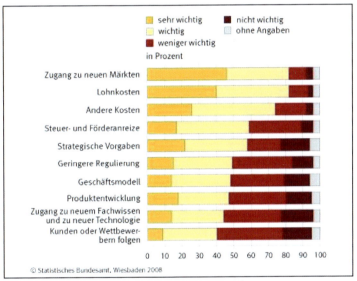

Abbildung4: Verlagerungsmotive deutscher Unternehmen

In der Abbildung kann man erkennen, dass der Zugang zu neuen Märkten und die Senkung von Kosten die wichtigsten Motive für Unternehmen sind, eine Auslandsverlagerung durchzuführen. Danach kommen Steuer- und Förderanreize sowie strategische Vorgaben und geringere Regulierungen in den Gastländern.

---

[40] Vgl. Peters, Reinhardt, Seidel (2006) S. 76

[41] Vgl. Wiesner (2005) S. 67

[42] Vgl. Stremme (2000) S. 120

[43] Vgl. Wenning (2006) S. 27

[44] Vgl. Höh (2008) S. 1

Eine Einordnung in Motivgruppen ist nur sehr schwer zu realisieren, da verschiedene Motive oft verschiedene Motivgruppen tangieren. Die Motive lassen sich aber grob in vier Kategorien einteilen. Diese sind:[45]

- Kosteneinsparmotive
- Absatzmotive
- Beschaffungsmotive
- Sonstige Motive

In folgenden Abschnitten werden nun die wichtigsten Motive für eine Auslandsverlagerung dargestellt.

3.1 Kosteneinsparmotive

Wie aus der vorhergehenden Abbildung bereits ersichtlich, ist das Kosteneinsparpotenzial das Motiv mit der größten Bedeutung. Die Kosteneinsparung setzt sich dabei aus verschiedenen Einsparpotenzialen zusammen.

3.1.1 Geringere Personalkosten

Personalkosten machen den größten Teil der Kostenersparnis aus. Vor allem die Lohnzusatzkosten belasten in Deutschland die Unternehmen enorm und führen dazu, dass ein Unternehmen, das in Deutschland produziert nicht mehr konkurrenzfähig ist.[46] In Schwellen- und Entwicklungsländern betragen die Personalkosten nur einen Bruchteil der Personalkosten in Deutschland. Je arbeitsintensiver eine Tätigkeit ist, desto größer ist also der Vorteil der daraus resultiert.[47] In folgender Abbildung sieht man die Personalkosten für Industriearbeiter inklusiver Lohnnebenkosten in Deutschland im Vergleich zu den wichtigsten Offshore-Ländern im Jahr 2005.[48]

---

[45] Vgl. Stremme (2000) S. 121

[46] Vgl. Peters, Reinhardt, Seidel (2006) S. 78

[47] Vgl. Wenning (2006) S. 28

[48] Vgl. Kaufmann, Panhans, Poovan, Sobotka (2005) S. 3

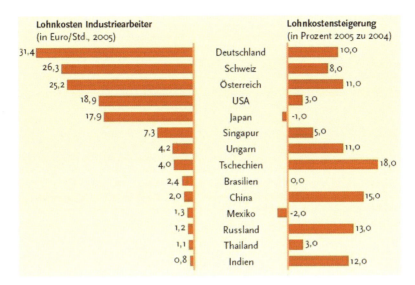

Abbildung5: Lohnkosten von Industriearbeitern im Vergleich

Würde man nur die Personalkosten betrachten, würden sich Einsparungen von bis zu 95 % ergeben. Dieser Wert ist aber nicht annehmbar, da es von Land zu Land deutliche Produktivitätsunterschiede gibt. Ein Beispiel aus der Textilindustrie zeigt, dass im Jahre 1996 die Arbeitsproduktivität gemessen am Output in Polen gerade einmal ein Sechstel im Vergleich zu Italien betrug. Daher kann eine Betrachtung der Arbeitskosten nicht isoliert durchgeführt werden, sondern nur im Kontext mit der realisierbaren Arbeitsproduktivität.[49]

Dennoch ist der Zusammenhang zwischen Arbeitskosten und Arbeitsproduktivität nicht immer relevant. Zur Erläuterung ein Beispiel:

Die Durchschnittsproduktivität Chinas liegt deutlich unter der deutscher Unternehmen. Dennoch ist dieser Produktivitätsunterschied für deutsche Investoren oft nur wenig relevant, da Produktivitäten im Wesentlichen durch die Prozesse des Unternehmens bestimmt werden. Bei der Übernahme von chinesischen Anlagen ist vorübergehend natürlich auch deren Produktivität geringer. Doch verlagert ein Unternehmen einen bestehenden Prozess von Deutschland nach China, so kann dieser Prozess weiter optimiert werden, indem die Arbeitsintensität erhöht wird, um den Lohnkostenvorteil noch stärker nutzen zu können. Dadurch steigt die Gesamtproduktivität des Prozesses.[50]

Neben den günstigeren Stundenlöhnen gibt es aber auch weitere Vorteile im Bezug auf Personalkosten. So haben Unternehmen im Ausland häufig niedrigere Zuschläge, etwa für Nachtarbeit, Schichtarbeit oder Wochenendzuschläge, falls diese überhaupt vorhanden sind. Dies macht eine Produktion rund um die Uhr möglich, was wiederum eine höhere Maschinenauslastung und damit geringere Gesamtkosten zur Folge hat.[51]

Ein weiterer wichtiger Punkt ist, dass in vielen Schwellen- und Entwicklungsländern Gewerkschaften oder Arbeitnehmervertretungen einen geringeren Einfluss haben als in

---

[49] Vgl. Wenning (2006) S. 29

[50] Vgl. Kaufmann, Panhans, Poovan, Sobotka (2005) S. 4

[51] Vgl. Wenning (2006) S. 30

Deutschland. So ist es beispielsweise einfacher, die Anzahl der Mitarbeiter an den Personalbedarf anzugleichen.[52]

3.1.2 Niedrigere Standortkosten

Geringere Standortkosten im Ausland lassen sich auf zwei Gründe zurückführen. Zum einen sind Mieten und Nebenkosten geringer und zum anderen lassen sich, falls sie überhaupt vorhanden sind, Arbeitsschutz- und Umweltauflagen leichter erfüllen.[53]

3.1.3 Geringere Transportkosten

Eine internationale Marktversorgung durch Export vom produzierenden Unternehmen zum nachfragenden Markt kann hohe Transportkosten verursachen, die durch eine Produktion in Absatznähe vermieden werden könnte. Des Weiteren kann eine Produktion in der Nähe von benötigten Rohstoffvorkommen oder Lieferanten ebenfalls Transportkosten einsparen und für eine Produktion im Ausland sprechen.[54]

Zu erwähnen ist dennoch, dass Transportkosten seit mehreren Jahren sinken. Technologische Neuerungen und effizientere Anbieter von Transportdienstleistungen haben dies möglich gemacht.[55]

3.1.4 Steuervorteile

Ein ebenfalls starkes Argument, das vor allem von kleinen und mittleren Unternehmen genannt wird, ist die Steuer- und Abgabenbelastung. Zwischen verschiedenen Ländern bestehen Unterschiede bei Steuerarten, Steuersätzen und Steuertarifen. Letztlich ist nicht der Gewinn vor Steuer, sondern nach Abzug der Steuer ausschlaggebend.[56] Die Länder der Europäischen Union (EU) weisen bspw. eine unterschiedliche Höhe bei der Einkommensteuer auf gewerbliche Einkünfte und dem Körperschaftssteuersatz auf. Außerdem variieren von Land zu Land die sonstigen Unternehmenssteuerarten, wie Grundsteuer, Gewerbesteuer, Gewerbekapitalsteuer, Vermögenssteuer, Wertschöpfungssteuer oder auch Abschreibungsmethoden.[57]

3.2 Absatzmotive

Absatzmotive sind neben dem Kosteneinsparpotenzial die wichtigsten Motive die ein Unternehmen über eine Auslandsverlagerung nachdenken lassen.

3.2.1 Absatzmärkte

Neben dem Kosteneinsparpotenzial werden Direktinvestitionen getätigt, um erschlossene Märkte langfristig zu sichern bzw. um neue Märkte zu erschließen und zu erweitern.[58]

Ein Unternehmen, welches aufgrund mangelnder Marktnähe nicht auf dem Weg des Exports von Gütern, sondern durch Anwesenheit vor Ort expandieren will, muss sich die

---

[52] Vgl. Wenning (2006) S. 30

[53] Vgl. Wenning (2006) S. 31

[54] Vgl. Stremme (2000) S. 134 f.

[55] Vgl. Dressler (2007) S. 142

[56] Vgl. Stremme (2000) S. 135 ff.

[57] Vgl. Wöhe (2000) S. 343 f.

[58] Vgl. Beck (2005) S. 15

Frage stellen, welche Land bzw. Region hinsichtlich des Absatzpotenzials am attraktivsten ist.[59]

Das Absatzpotenzial beschreibt dabei die erwartete Absatzmöglichkeit eines Unternehmens in einem bestimmten Land.[60] Um Absatzmärkte zu erschließen, zu erweitern oder zu sichern, muss die Produktion in die geografische Nähe von internationalen Absatzmärkten angesiedelt werden.[61]

Für Unternehmen besteht zunächst die Notwendigkeit Zukunftswerte des Absatzpotenzials mit einer möglichst hohen Wahrscheinlichkeit zu prognostizieren. Um die Zukunftswerte zu ermitteln, stehen dem Unternehmen eine Reihe von Kennzahlen zur Verfügung:[62]

- Einwohnerzahl
- Bevölkerungsdichte
- Bevölkerungswachstum
- Bevölkerungsstruktur (Alter, Geschlecht, Einkommen)
- Bruttosozialprodukt
- BSP/BIP-Wachstum
- BSP/BIP pro Kopf
- Kaufkraft

Aus den oben genannten Rahmendaten lassen sich noch keine eindeutigen Rückschlüsse über ein Absatzpotenzial ziehen.[63] Diese Daten sind daher mit geeigneten branchen-, unternehmens- oder produktspezifische Kennzahlen zu kombinieren. Um also zutreffendere Absatzprognosen erstellen zu können, braucht man zusätzlich statistische Unterlagen, für folgende Größen:[64]

- Marktpotenzial
- Marktvolumen
- Bedarfsträger
- Bedarfsintensität
- Periodizität des Bedarfs
- Verbrauchsgewohnheit
- Zielgruppenspezifische Kaufkraft

Häufig ist nicht nur der Absatzmarkt im Land in das verlagert wird von Bedeutung, sondern auch attraktive Auslandsmärkte in der nahen Umgebung, die von diesem Standort aus optimal beliefert werden können. Hongkong oder Singapur sind beispielsweise solche strategisch nützliche Standorte, um den südasiatischen Raum versorgen zu können.[65]

Wichtiger als die aktuelle Situation des Absatzpotenzials in einem Land ist für viele Unternehmen die Entwicklung des Potenzials in der Zukunft. Erwartete Zuwachsraten in einem Ländermarkt sind daher meist der Auslöser für eine entsprechende Verlagerung.[66]

Ein Beispiel ist hier China. Das Land stellt mit seinen 1,3 Milliarden Einwohnern ein riesiges Potenzial an Konsumenten dar. Nach einer Studie des McKinsey Global Institute

---

[59] Vgl. Geotte (1993) S. 178

[60] Vgl. Becker (1992) S. 390

[61] Vgl. Stremme (2000) S. 122

[62] Vgl. Goette (1993) S. 179 f.

[63] Vgl. Goette (1993) S. 180

[64] Vgl. Goette (1993) S. 183

[65] Vgl. Goette (1993) S. 184

[66] Vgl. Goette (1993) S. 185

werden bis 2025 weitere 350 Millionen Einwohner hinzukommen, was der Gesamteinwohnerzahl der USA entspricht. Eine Milliarde Menschen werden 2030 in chinesischen Städten leben. 221 Städte werden mehr als eine Millionen Einwohner haben – Europa hat derzeit 35. Das zu erwartende Absatzpotenzial für die Zukunft ist daher enorm.[67]

Neben dem Kennen des Absatzpotenzials in einem Land ist zur Beurteilung der Standortattraktivität zusätzlich noch das Kennen des Wettbewerbsverhältnisses wichtig. Das Wettbewerbsverhältnis kann fünf verschiedene Formen annehmen:[68]

1. Die Konkurrenzdichte ist zu groß, bzw. die Konkurrenz zu stark. Eine Investition lohnt hier nicht.

2. Die Konkurrenz ist bereits vor Ort tätig. Um wettbewerbsfähig zu bleiben muss das Unternehmen nachziehen.

3. Die Konkurrenz ist bereits vor Ort tätig, besitzt aber eine schwache Position. Durch eine Errichtung einer Produktionsstätte oder der Übernehme eines Unternehmens kann man Marktanteile erobern.

4. Die Konkurrenz ist noch nicht am Zielmarkt tätig. Durch die Errichtung eines Standortes kann man sich einen zeitlichen Vorsprung schaffen.

5. Die Konkurrenz ist bereits vor Ort tätig und wirkt anziehend auf neue Wettbewerber. Das Unternehmen vermutet einen Agglomerationseffekt, was bedeutet, dass das Vorhandensein von Konkurrenz das eigene Geschäft belebt.

Die Kombination aus Kennen des zukünftigen Absatzpotenzials und dem Wettbewerbsverhältnis vor Ort, sind fundamentale Kenntnisse zur Entscheidung einer Auslandsverlagerung.

3.2.2 Imagegewinn

Neben der Erschließung neuer Absatzmärkte spielt des Weiteren ein Imagegewinn eine nicht zu unterschätzende Rolle. Als im Inland produzierendes Unternehmen genießt man oft das Vertrauen der inländischen Bevölkerung.[69]
   Aber auch der Vorteil vor Ort ansässig zu sein und Marktveränderungen schnellst möglich zu erkennen sind nicht zu unterschätzen. Die Ortsansässigkeit und das damit verbundene Beschäftigen von einheimischen Mitarbeitern und Lieferanten verhilft einen des Weiteren zu einem Insider-Wissen.[70]

3.2.3 Handelshemmnisse

Eine Sicherheitsmaßnahme, um ein Land vor einer Ausbeutung ausländischer Importeure zu bewahren und somit die einheimischen Unternehmen zu schützen, sind Zollmaßnahmen. Zollmaßnahmen belasten grenzüberschreitenden Warenverkehr und erhöhen

---

[67] Vgl. o.V (2008a) S. 1
[68] Vgl. Goette (1993) S. 187 f.
[69] Vgl. Stremme (2000) S. 123 f.
[70] Vgl. Stremme (2000) S. 124

somit die Kosten von Importwaren für Unternehmen. Eine solche Importbehinderung durch Zölle kann somit dazu führen, dass Standortverlagerungen durchgeführt werden.[71]

Ein Beispiel hier sind einige asiatische Staaten. Hier ist der Einfuhrzoll von fertigen Automobilen fünf Mal höher als bei Fahrzeugteilen. Ein Marktzutritt ist daher oft nur mit einem Aufbau eigener Montagestandorte möglich.[72]

Ein weiteres Handelshemmnis ist die Local-Content-Vorschrift. Eine Local-Content-Vorschrift regelt, welcher Anteil eines Gutes mit inländischer Produktion gedeckt sein muss. Dieser Anteil wird in Mengeneinheiten, in Prozent oder auch in Wertangaben vorgeschrieben. So kann ein Staat bestimmen, dass ein Mindestanteil an Wertschöpfung im Inland durchgeführt werden muss. Werden diese Vorschriften nicht erfüllt, drohen Strafmaßnahmen wie Strafzölle oder Nichterteilung einer Lizenz für Importeure.[73]

Überwiegend werden Local-Content-Vorschriften in Entwicklungsländern vorgeschrieben, um die Industrie dazu zu zwingen, Zwischenprodukte in diesem Land zu erstellen. Ohne diese Local-Content-Vorschriften würde ausländischen Herstellern von arbeitsintensiven Produkten die Möglichkeit offen stehen, fertige Komponenten zu importieren und in den Entwicklungsländern mit niedrigeren Arbeitskosten die reine Endmontage durchzuführen. Dank dieser Local-Content-Vorschriften muss aber auch notwendiges Know-how in das Entwicklungsland transferiert werden. Kooperationspartner im Entwicklungsland haben dann die Möglichkeit international wettbewerbsfähig zu werden und können aus eigener Initiative Know-how entwickeln.[74]

In der Vergangenheit wurden solche Handelshemmnisse aber mehr und mehr abgebaut. In folgender Abbildung sieht man an zwei Beispielen den Rückgang an Handelsbarrieren.[75]

---

[71] Vgl. Goette (1994) S. 219 f.

[72] Vgl. Wenning (2006) S. 38

[73] Vgl. Hüttenrauch, Jaik, (2005) S. 8

[74] Vgl. Hüttenrauch, Jaik, (2005) S. 8

[75] Vgl. Jahns, Hartmann, Bals (2007) S. 92

China

- Der durchschnittliche Importzoll ist von 43 % in 1991 auf 20.1 % in 1997 gesunken.
- China ist 2001 der WTO beigetreten.
- Die 10% nationale Auto-Erforderung auf dem Automarkt wurde 2001 abgeschafft.
- Die Regierung fördert verschiedene Projekte in der Infrastruktur um FDI anzuziehen.

Indien

- Die Autolizenzvergabe wurde 1991 abgeschafft.
- Der durchschnittliche Importzoll ist über 60 % zurückgegangen von 87 % in 1991 auf 20,3 % in 1997.
- Im Jahr 2001 hat die Regierung Auto-Importquoten abgeschafft und 100 % FDI Investitionen in diesem Sektor erlaubt.

Abbildung6: Beispiele für sinkende Handelsbarrieren

3.2.4 Lokale Marktsättigung

Für viele Branchen ist der deutsche Markt bereits zu klein. Beispiele hier sind Teile der Elektroindustrie, wie bei Waschmaschinen, Kühlschränken oder Staubsaugern. Aber auch die Spielzeugindustrie ist betroffen und muss sich ebenfalls nach neuen Märkten im Ausland umschauen.[76]

3.3 Beschaffungsmotive

Auch Beschaffungsmotive spielen bei Verlagerungsüberlegungen eine wichtige Rolle.

3.3.1 Zugang zu Rohstoffen

Im Zeitalter zunehmender Rohstoffknappheit kann es sinnvoll sein, seinen Produktions-standort in rohstoffreichen Ländern zu wählen, um die Rohstoffversorgung für die Zukunft zu sichern. Gerade für rohstofffördernde oder rohstoffverarbeitende Unternehmen, wie bspw. Mineralölkonzerne, kann dies sinnvoll aber auch überlebensnotwendig sein.[77]

Des Weiteren ist eine eingeschränkte Transportfähigkeiten von Rohstoffen oder auch die schnelle Verderblichkeit von Rohstoffen ein Grund für eine Produktion an der Be-zugsquelle.[78]

Manchmal ist eine Ausfuhr von Rohstoffen aus dem Land der Rohstoffgewinnung auch untersagt, so z.B. bei der Holzverarbeitung in Afrika. Hier wurde die Ausfuhr von un-

---

[76] Vgl. Groeger, Karenberg, Kemminer, Schröder (1987) S. 8

[77] Vgl. Stremme (2000) S. 141

[78] Vgl. Stremme (2000) S. 143

bearbeiteten Baumstämmen von der Regierung weitgehend eingeschränkt, so dass man gezwungen ist eine Verarbeitungsstufe einzurichten.[79]

3.3.2 Fachkräftemangel in Deutschland

Ein weiteres Motiv dafür, warum deutsche Unternehmen ins Ausland verlagern, ist der Fachkräftemangel in Deutschland. Die Anzahl an Absolventen in Ingenieurs- und Naturwissenschaften gehen kontinuierlich zurück. Oft können Unternehmen in Deutschland aber auch in Europa oder den USA ihre freien Arbeitsplätze nicht adäquat besetzen. In Deutschland sind es vor allem Informatiker, die händeringend gesucht werden.[80] Eine aktuelle Erhebung des Vereins der Ingenieure zeigt, dass in der Bundesrepublik zwischen 70.000 und 96.000 hoch qualifizierte Ingenieure fehlen.[81]

Aber auch der Gesichtspunkt, dass Menschen in bestimmten Kulturen besondere Fähigkeiten besitzen, spielt eine wichtige Rolle. Ein Beispiel hier ist China. Chinesinnen bekommen aus traditionellen Gründen von ihren Müttern bereits im Kindesalter den Umgang mit Seide vermittelt. Diese individuellen Fähigkeiten machen sich deutsche Bekleidungshersteller zu nutze.[82]

3.4 Sonstige Motive

Neben den bereits angesprochenen Motiven gibt es auch noch Motive, die sich in keine der genannten Kategorien einordnen lassen können.

3.4.1 Bürokratie in Deutschland

Ein Motiv, das für eine Auslandsverlagerung spricht, ist, dass die Politik durch die Verabschiedung von Gesetzen, Vorschriften und Auflagen immer mehr in unternehmerische Entscheidungen deutscher Unternehmen eingreift. Die Einführung von Mindestlöhnen ist nur eines von vielen Beispielen.[83]

Darüber hinaus macht das deutsche Arbeitsrecht mit seinen Regelungen, wie Kündigungsschutz oder Tarifpolitik, die Unternehmen in Deutschland unflexibel.[84]

Auch die strengen Umweltauflagen, wie Abgasgrenzwerte, Wasserschutzbestimmungen, Entsorgungsvorschriften von Sondermüll, sowie die hohen Energiepreise machen den Unternehmen in Deutschland zu schaffen.[85]

3.4.2 Wirtschaftsförderungen

Oft haben Zielländer für Direktinvestition großes Interesse an einer Verlagerung in das betreffende Land. Daher subventionieren viele Länder Neuansiedlungen oder Erweiterungen in Form von:[86]

---

[79] Vgl. Groeger, Karenberg, Kemminer, Schröder (1987) S. 9
[80] Vgl. o. V. (2006a) S. 1
[81] Vgl. o. V. (2008b) S. 1
[82] Vgl. Stremme (2000) S. 142
[83] Vgl. o. V. (2008c) S. 4
[84] Vgl. o. V. (2008c) S. 4
[85] Vgl. o. V. (2008c) S. 4
[86] Vgl. Wiesner (2005) S. 71 f.

- Steuererleichterungen oder Befreiungen
- Finanzierungshilfen
- Eigentumsgarantien
- Transfergarantien für Erträge und Gewinne
- Einfuhrgenehmigungen und Einfuhrbegünstigungen
- Schutz vor Konkurrenz
- Vergünstigter Rohstoffbezug
- Infrastrukturmaßnahmen
- Technischer Unterstützung in Form von bspw. Machbarkeitsstudien, Partnervermittlung

Ansprechpartner für solche Fördermittel sind in Deutschland präsente Auslandsvertretungen und Auslandshandelskammern der Zielländer.[87]

Aber auch von deutscher Seite aus gibt es Unterstützung. So sieht sich das Auswärtige Amt der Bundesrepublik als politischer Begleiter, Türöffner und Berater für Unternehmen, die planen, ins Ausland zu verlagern. Weitere wichtige Fördermaßnahmen sind:[88]

- KfW-Mittelstandprogramm-Ausland
- Bundesgarantien
- Aktivitäten der DEG
- Auslandsinvestitionsgesetz

---

[87] Vgl. Dülfer, Jöstingmeier (2008) S.126
[88] Vgl. Dülfer, Jöstingmeier (2008) S.123 f.

4 Internationale Standortwahl

Eine Direktinvestition im Ausland bringt neben vielen Chancen und Vorteilen auch Risiken und Nachteile mit sich. Eine Fehlinvestition im Ausland kann zu erheblichen Kapitalverlust und unter Umständen auch zu einer Bedrohung der Existenz des gesamten Unternehmens führen.[89]

Die internationale Standortentscheidung ist daher ein komplexer, vielschichtiger Entscheidungsprozess, bei dem eine Vielzahl von Standortfaktoren (*siehe Kapitel 4.3 Standortfaktoren*) berücksichtigt, geprüft und bewertet werden müssen.[90]

Des Weiteren stellt sich die Standortentscheidung häufig nicht nur als eindimensionales Entscheidungsproblem dar, indem potentielle Alternativen eines Kriteriums, wie Kosten- oder Transportminimum in Betracht gezogen werden müssen. Stattdessen müssen bei der Entscheidungsfindung immer mehrere Ziele gleichzeitig berücksichtigt werden.[91]

Im Vergleich zu anderen Unternehmensentscheidungen ist die Standortwahl nur sehr schwer revidierbar und in der Regel langfristig angesiedelt. Daher sollte neben der aktuellen Situation auch immer die zukünftige Veränderung alternativer Standorte berücksichtigt werden.[92]

4.1 Markteintrittsstrategien

Wenn sich ein Unternehmen dafür entscheidet, in ein anderes Land zu verlagern, muss zunächst die Entscheidung über die Einstiegsart getroffen werden. Die Betriebswirtschaftslehre unterscheidet hier in nachfolgend abgebildete Markteintrittsstrategien.[93] Anzumerken ist hier, dass man nur bei Markteintrittsstrategien mit Kapitalbeteiligung, also Joint Venture, Auslandsniederlassung, Produktionsbetrieb und Tochtergesellschaft von Direktinvestitionen spricht.[94]

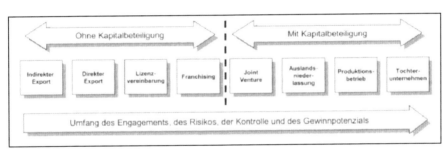

Abbildung7: Eintrittsstrategien

Oft ist es so, dass der Prozess der Verlagerung stufenweise abläuft, angefangen beim Export bis hin zum eigenen Tochterunternehmen. Dabei muss aber nicht jede Stufe beschritten werden.[95]

---

[89] Vgl. Hummels (1997) S. 18

[90] Vgl. Hummels (1997) S. 18

[91] Vgl. Hummels (1997) S. 18

[92] Vgl. Autschbach (1997) S. 7 f.

[93] Vgl. Peters, Reinhardt, Seidel (2006) S. 56 f.

[94] Vgl. Autschbach (1997) S. 12

[95] Vgl. Wiesner (2005) S. 83

Je nach Unternehmensart werden sinnvolle Eintrittsstrategien ausgewählt. Bei Dienstleistungsunternehmen ist dies meist eine Kooperation oder Franchising, produzierende Unternehmen steigen meist mit einem Export ein und Banken und Versicherungen wählen oft die Form einer Niederlassung.[96]

Export

Der normale Weg in einen Auslandsmarkt einzusteigen ist der Export. Von Export spricht man, wenn das Unternehmen die Güter noch in seinem Stammland produziert und sie von dort aus in Märkte im Ausland exportiert. Diese Art des Auslandseinstiegs bringt die geringsten Veränderungen in der Produktions- und Organisationsstruktur mit sich.[97] Daher sind auch die Risiken, wie Marktrisiken und politische Risiken überschaubar und man hat den Vorteil, den Auslandsmarkt schrittweise kennen zu lernen. Voraussetzung für Export ist ein ungehinderter Zahlungs- und Güterverkehr mit geringen Transportkosen und Zöllen. Darüber hinaus ist ein wichtiger Aspekt bei Exportgeschäften die Regelung von Gefahren- und Verfügungsübergang.[98]

Beim Export wird noch zwischen *direktem und indirektem Export* unterschieden. Im Gegensatz zum direkten Export werden beim indirekten Export die Verkäufe im Ausland nicht über das Unternehmen selbst, sondern durch unabhängig operierende Handelspartner gesteuert. Im Stammunternehmen selbst ist ein Aufbau einer Exportabteilung dann nicht mehr notwendig, da der Handelspartner die gesamte Abwicklung des Exportgeschäfts übernimmt.[99]

Lizenzvereinbarung

Eine weitere Möglichkeit ohne finanzielle Belastung ein internationales Geschäft aufzubauen, ist das Erstellen von Lizenzen. Der Lizenzgeber räumt dem Lizenznehmer dabei die Möglichkeit eines Nutzungsrechtes für ein Fertigungsverfahren, Warenzeichen, Patent oder ähnliches gegen Zahlung einer Lizenzgebühr ein.[100] Der Vorteil dabei ist, dass der Lizenzgeber ein finanzielles Risiko umgeht und dabei die Marktnähe und die Kundenbeziehungen des Lizenzpartners ausnutzen kann. Nachteilig ist, dass man Wissen über Fertigungsverfahren oder Produkt-Know-how in fremde Hände gibt und dass das Problem der mangelnden Kontrolle und Einflussnahme gegeben ist.[101]

Franchising

Das Franchising ist der Lizenzvergabe sehr ähnlich. Der Unterschied zur Lizenzvergabe liegt darin, dass im Gegensatz zur vollständigen Abgabe von Lizenzen sich der Franchising-Geber die komplette Kontrolle von zentralen Funktionen, insbesondere Marketing, Produktqualität oder den Preis vorbehält. Der Vorteil hier ist, dass das Stammunternehmen, ohne direkt involviert zu sein, viel Know-how über den Auslandsmarkt gewinnt.[102]

---

[96] Vgl. Wiesner (2005) S. 84

[97] Vgl. Peters, Reinhardt, Seidel (2006) S. 57

[98] Vgl. Welge, Holtbrügge (2003) S. 102 ff.

[99] Vgl. Peters, Reinhardt, Seidel (2006) S. 57

[100] Vgl. Peters, Reinhardt, Seidel (2006) S. 57 f.

[101] Vgl. Welge, Holtbrügge (2003) S. 100 f.

[102] Vgl. Peters, Reinhardt, Seidel (2006) S. 58

Joint Venture

Ein Joint Venture ist die erste Form, bei der man von einer Direktinvestition spricht.[103]

Ein Joint Venture ist ein Zusammenschluss zwischen dem Stammunternehmen und einem Partner im Ausland um dort ein Unternehmen zu betreiben. Das Eigentum, die Kontrolle und die Leitung des neuen Unternehmens werden dabei untereinander aufgeteilt. Die Motive für die Gründung eines Joint Ventures sind dabei vielseitig.[104] Vorteile, wie Marktkenntnisse des Partners, Erfüllung von Local-Content-Vorschriften, Risikoteilung oder eine Unteilbarkeit des Projektes spielen eine Rolle.[105] Wichtig ist, dass für beide Unternehmen eine Win-Win-Situation entsteht und das Schwächen eines Unternehmens den Stärken des Partners entsprechen und umgekehrt.[106]

Bei einem Joint Venture kommt es oft zu einer direkten Verlagerung von Arbeitsplätzen, da das Management oder Fachkräfte mit Spezialwissen oft aus dem Stammland besetzt werden. Ein Stellenabbau im Stammland ist daher ein Nachteil bei der Bildung eines Joint Ventures.[107]

Auslandsniederlassung

Bei einer Auslandsniederlassung beschränkt sich das Unternehmen auf unternehmenseigene Vertriebs-, Marketing- oder Supportfunktionen. Durch einen Aufbau eines Vertriebsnetzes kann das Unternehmen direkter ausländische Kunden bedienen und schneller auf deren Bedürfnisse reagieren.[108]

Montage- und Produktionsbetrieb

Der Unterschied zwischen einem Montagebetrieb und einem Produktionsbetrieb liegt darin, dass beim Montagebetrieb die Fertigungsteile durch die Lieferung des Stammlandes erfolgt und nur die Montage im Gastland anfällt. Diese hat den Vorteil, dass die Qualität durch hoch qualifiziertes Personal und Spezialmaschinen in Deutschland gewährleistet ist.[109]

Je nach dem Vorhandensein von Produktionsfaktoren und Arbeitskräften kann ein neuer Produktionsstandort bzw. Montagebetrieb errichtet werden oder eine bereits bestehende Anlage eines anderen Unternehmens übernommen werden.[110]

Eine Übernahme eines ausländischen Unternehmens bietet sich dann an, wenn bestimmte Ressourcen, wie z.B. Boden, knapp sind, eine geringe Mobilität von Ressourcen vorhanden ist, oder Synergieeffekte von Größen- oder Verbundvorteilen erwartet werden.[111] Weitere Vorteile einer Übernahme bestehender Produktionsstandorte hinsichtlich der Markt- und Wettbewerbssituation ist, dass bestehende Marktanteile übernommen werden. Dies ist besonders bei Märkten mit starkem Wettbewerbsdruck von Vorteil. Darüber hinaus ist eine Übernahme auch mit einer Zeitersparnis verbunden, da ein Markt-

---

[103] Vgl. Autschbach (1997) S. 67

[104] Vgl. Peters, Reinhardt, Seidel (2006) S. 58

[105] Vgl. Autschbach (1997) S. 69 und Wiesner (2005) S. 110

[106] Vgl. Wiesner (2005) S. 108

[107] Vgl. Peters, Reinhardt, Seidel (2006) S. 58

[108] Vgl. Peters, Reinhardt, Seidel (2006) S. 58

[109] Vgl. Dülfer, Jöstingmeier (2008) S. 186 f.

[110] Vgl. Peters, Reinhardt, Seidel (2006) S. 58 f.

[111] Vgl. Deuster (1996) S. 33 f.

eintritt unverzüglich erfolgt. Zu beachten ist dennoch, dass man häufig mit Umstellungs- und Anpassungsarbeiten zu kämpfen hat, welche mit hohen Kosten verbunden sein können.[112]

Tochterunternehmen

Ein Tochterunternehmen ist der letzte Schritt im Internationalisierungsprozess und ist die umfassendste Investition in einen ausländischen Markt. Dabei kann es sich um eine Neugründung mit Neubau aller Einheiten oder um den Erwerb bestehender Betriebe handeln.[113]

Bei einem Tochterunternehmen verfügt die Zentrale über die vollständige Entscheidungsfreiheit bezüglich der gesamten Unternehmenspolitik.[114]

Vorteile sind durch das hohe Maß an Kontrolle über das Auslandsmarktengagement eine direkte Marktbearbeitung und Kundennähe. Des Weiteren bekommt man in vielen Ländern steuerliche Investitionsanreize. Darüber hinaus wird man von der Bevölkerung als „Inländer" behandelt, was beim Image eines Unternehmens eine wichtige Rolle spielt.[115]

Bei einer reinen Neugründung ist der Vorteil, dass das Unternehmen neueste Technologien einsetzen kann und so der Konkurrenz einen Schritt voraus ist. Des Weiteren hat man freie Hand bei der Ressourcenausstattung, wie z.B. bei der Einstellung von Mitarbeitern.[116] Neugründungen werden auch politisch und gesellschaftlich positiv aufgenommen, da Arbeitsplätze geschaffen und die wirtschaftliche Entwicklung vorangetrieben wird.[117]

Nachteile liegen auf der Kosten- und Aufwandsseite. So ist schon die Überlegung über einen geeigneten Standort zeit- und kostenintensiv. Auch der verzögerte Markteintritt ist von Nachteil.[118]

4.2 Verlagerung von Funktionsbereichen

Neben der Entscheidung der Markteintrittsstrategie stehen dem Unternehmen auch verschiedene Funktionsbereiche zur Verfügung, welche verlagert werden können. Zur Beschreibung unterscheiden wir hier fünf Funktionsbereiche:[119]

- Unterstützende Funktionen
- Forschung und Entwicklung
- Beschaffung
- Produktion
- Vertrieb und Marketing

In den folgenden fünf Kapiteln werden die oben aufgeführten Unternehmensfunktionen beschrieben.

---

[112] Vgl. Autschbach (1997) S. 77
[113] Vgl. Autschbach (1997) S. 78
[114] Vgl. o. V. (2006b) S. 2
[115] Vgl. o. V. (2006b) S. 2
[116] Vgl. Autschbach (1997) S. 78 f.
[117] Vgl. Autschbach (1997) S. 80
[118] Vgl. Autschbach (1997) S. 79
[119] Vgl. Kaufmann, Panhans (2006) S. 88

4.2.1 Unterstützende Funktionen

Viele unterstützende Funktionen müssen am Standort des Stammsitzes ausgeführt werden und können daher nicht oder nur sehr schwer verlagert werden. So müssen bspw. Mitarbeiter, die sich mit rechtlichen Angelegenheiten befassen, die lokalen Gesetze kennen oder ein Geschäftsführer in Deutschland wäre nicht erfreut, wenn seine Personalabteilung im Ausland sitzt.[120]

Es gibt aber auch noch Bereiche, die sich sehr gut ins Ausland verlagern lassen. So können Rechnungswesen und IT sehr gut über Landesgrenzen hinweg arbeiten. Die meisten Dienste im Rechnungswesen sind meist standardisiert und können einfach über moderne Kommunikationswege übermittelt werden. Auch bei Anfragen an die IT-Abteilung kann der Ansprechpartner zentral, aber durchaus in einem anderen Land ansässig sein. Da IT und Rechnungswesen häufig sehr personalintensive Arbeiten sind, lassen sich hier auch große Lohnkosteneinsparungen erzielen. Des Weiteren kann eine Bündelung von Rechnungswesen oder IT an einem Standort im Ausland auch Skalenvorteile mit sich bringen.[121]

4.2.2 Forschung und Entwicklung

Aufgrund des zunehmenden technologischen Wettbewerbs hat die Verteilung auf mehrere Standorte einen großen Vorteil. In der heutigen Zeit ist es notwendig, technologisch immer auf dem neuesten Stand zu sein. Forschungs- und Entwicklungsaktivitäten an mehreren Standorten erhöhen die Ergebniswahrscheinlichkeit und man hat einen Zugriff auf Forschungspotenzial in Gastländern. Auch Anpassungen an unterschiedliche Kundenanforderungen in verschiedenen Ländern machen den Einsatz von Forschungs- und Entwicklungseinheiten an mehreren Standorten sinnvoll.[122]

Unter Umständen kann es aber auch sinnvoll sein sich auf wenige Standorte zu beschränken, um Skalenvorteile zu erzielen und so Kosten zu minimieren.[123]

Des Weiteren spielt eine Verfügbarkeit von Ingenieuren eine wichtige Rolle. Nur wenn ausreichend qualifizierte Arbeitskräfte zur Verfügung stehen, kann eine Forschungs- und Entwicklungsabteilung im Ausland aufgebaut werden. Außerdem spielen die Lohnkosten in einem Land eine wichtige Rolle, da Ingenieure in der Regel sehr gut bezahlt werden. Hat ein Unternehmen also die Möglichkeit eine Forschungs- und Entwicklungsabteilung mit kostengünstigen qualifizierten Ingenieuren zu betreiben, ist dies ein großer Vorteil.[124]

Zu beachten ist aber, dass eine FuE-Abteilung ohne die direkte Nähe zur Produktion meist keinen Sinn macht. Eine Kommunikation zwischen Produktion und Entwicklung ist enorm wichtig und eine zu große Entfernung ist hinderlich. Es macht keinen Sinn, wenn ein Mitarbeiter der FuE-Abteilung erst anreisen muss und dann auch noch auf Sprachbarrieren in der Produktion stößt.[125]

4.2.3 Beschaffung

Ein Zentraleinkauf bringt für ein Unternehmen verschiedene Vorteile. Auf der einen Seite kann man durch die Bündelung der Nachfrage eine größere Verhandlungsmacht ausspie-

---

[120] Vgl. Kaufmann, Panhans (2006) S. 89

[121] Vgl. Kaufmann, Panhans (2006) S. 89

[122] Vgl. Welge, Holtbrügge (2003) S. 140

[123] Vgl. Kaufmann, Panhans (2006) S. 92

[124] Vgl. Kaufmann, Panhans (2006) S. 92

[125] Vgl. Kaufmann, Panhans (2006) S. 93

len und so bessere Preise erzielen. Des Weiteren können die Fixkosten auf eine größere Beschaffungsmenge verteilt werden.[126] Das enge und langfristige Zusammenarbeiten mit nur wenigen Zulieferern sichert darüber hinaus eine weltweit gleich bleibende Qualität der Bezugsteile.[127]

Ist die Produktion aber weltweit verstreut, kann die zentrale Beschaffung aber auch Nachteile haben. So entstehen neben dem hohen Planungs- und Logistikaufwand hohe Transportkosten.[128] Manchmal lohnt es sich daher ein Teil der Beschaffung mit einem Beschaffungsbüro im Ausland durchzuführen. So können der lokale Bedarf an Vorprodukten auch lokal eingekauft werden. Hier kommt es aber stark auf den Lieferanten an. Hier muss man sich zunächst fragen, ob der Lieferant im Ausland die Waren zu einem günstigeren Preis anbieten kann, ob er die gewünschte Menge liefern kann, ob er Liefertermine einhalten kann und ob dabei auch noch die Qualität stimmt. Kann ein Lieferant die Kriterien erfüllen, kann es sehr lukrativ sein Vorprodukte für die lokale Produktion vor Ort zu beziehen, um so Kosteneinsparungen zu erzielen.[129]

Da vor allem in Ländern wie Osteuropa oder Asien die Lieferanten die hohen Standards deutscher Unternehmen nicht erfüllen können, diese Unternehmen die Kostenvorteile einer lokalen Beschaffung aber gerne nutzen würden, spielt heutzutage eine Entwicklung des Lieferanten eine große Rollen. Ein großes Problem ist vor allem, dass die Lieferanten im Ausland häufig nicht über die finanziellen Mittel und technischen Voraussetzungen verfügen, hoch qualitative Vorprodukte für die Unternehmen herzustellen. Eine finanzielle Unterstützung, frühzeitiges Bezahlen, langfristige Verträge und gemeinsame Qualitätsaudits der Produktion helfen den Lieferanten die gewünschten Standards zu erfüllen.[130]

4.2.4 Produktion

Bei der Verteilung von Produktionsstandorten spielt das Produkt eine wesentliche Rolle.

Unternehmen mit hohem Kostendegressionspotenzial richten die Standorte meist nach Skalenvorteilen aus. Daher werden oft Fertigungsmengen an einem Ort gebündelt, um Fixkosten auf größere Mengen zu verteilen und durch die geringe Anzahl an Standorten, teurere aber effizientere Technologien einsetzen zu können.[131]

Ein Nachteil dabei ist aber, dass sich durch die Bündelung der Produktion die Entfernung zu den Absatzmärkten vergrößert, was zu einem Anstieg der Transportkosten führt. Vor allem bei großen Gütern mit einem hohen Gewicht im Verhältnis mit den Produktionskosten, werden die Kosteneinsparungen durch Skalenvorteile durch hohe Transportkosten kompensiert.[132]

Unternehmen, bei denen die Produkte einen hohen lokalen Anpassungsbedarf haben, sowie bei Produkten, bei denen das Verhältnis aus Größe und Gewicht zu Produktionskosten relativ groß ist, und auch bei Produkten, die eine kontinuierliche Wertschöpfung benötigen (z.B. chemische Prozessfertigung) bietet sich eine länderspezifische Parallelproduktion an. Das heißt, dass bei den oben genannten Produkten die Produktion an

---

[126] Vgl. Kaufmann, Panhans (2006) S. 97 f.
[127] Vgl. Welge, Holtbrügge (2003) S. 142
[128] Vgl. Welge, Holtbrügge (2003) S. 142
[129] Vgl. Kaufmann, Panhans (2006) S. 98
[130] Vgl. Kaufmann, Panhans (2006) S. 99 f.
[131] Vgl. Kaufmann, Panhans (2006) S. 103
[132] Vgl. Welge, Holtbrügge (2003) S. 142

verschiednen Standorten in verschiedenen Ländern parallel abläuft um bspw. den Markt dort zu befriedigen.[133]

Eine dritte Möglichkeit ist der Aufbau von Produktionsnetzwerken. Hier sind die einzelnen Produktionsphasen geografisch verstreut. Der Produktionsprozess ist also auf mehrere Standorte verteilt. Ermöglicht wird dies durch eine voranschreitende Entwicklung in der Computertechnologie (CAM, CAD, CIM) und durch neue Formen der Arbeitsorganisation (Lean Management, Total Quality Management, Just-In-Time-Produktion).[134]
   Die Vorteile hier liegen im Nutzen von Standortvorteilen einzelner Länder. Als Nachteil sind bspw. ein hoher logistischer Aufwand und unterschiedliche Qualitätsstandards zu sehen.[135]

4.2.5 Marketing und Vertrieb

Eine lokale Ansiedlung von Marketing und Vertrieb hat meist Vorteile. So können nur Marketingmanager vor Ort den Markt genau beobachten und bspw. Werbekampagien auf den Markt abstimmen.[136] Auch gerade bei komplexen, beratungs- und seviceintensiven Produkten, bei denen Spezialwissen und umfangreicher Sales-Service und After-Sales-Service gefragt ist, bietet sich ein Aufbau einer Vertriebsstelle im Ausland an.[137]
   Meist ist im Falle Deutschlands ein Aufbau einer eigenen Marketings- oder Vertriebsstelle im Falle von Nearshoring aber gar nicht nötig und wäre nur mit einem finanziellen und personellen Aufwand verbunden. In vielen Ländern Europas sind die Unterschiede zu Deutschland nur sehr gering. Marketing- und Vertriebspraktiken können daher mit leichten Modifikationen auf andere Länder übernommen, bzw. übertragen werden. Ein Werbespot der bspw. in Deutschland ein Erfolg war, wird mit einer hohen Wahrscheinlichkeit auch im restlichen Europa erfolgreich werden. Auch Vertriebspraktiken können nach leichten Modifikationen übernommen und von Deutschland aus durchgeführt werden.[138]
   Im Falle Chinas sieht dies ganz anders aus. Ein Werbespot der in Deutschland harmlos war, kann in China unbeabsichtigt zu Missverständnissen und Verärgerung führen. Hier ist ein Aufbau einer Vertriebs- und Marketingabteilung meist notwendig, um Informationen über den Markt zu erhalten.[139]

Nachdem man sich nun für eine Eintrittsstrategie entschieden hat und sich auch im Klaren ist, welche Bereiche verlagert werden sollen, kommt es nun zur Standortentscheidung. Zuvor wird aber im nächsten Kapitel der Begriff des Standortfaktors erläutert, da dieser bei der Standortwahl die entscheidende Rolle spielt.

---

[133] Vgl. Welge, Holtbrügge (2003) S. 143

[134] Vgl. Welge, Holtbrügge (2003) S. 144

[135] Vgl. Welge, Holtbrügge (2003) S. 144

[136] Vgl. Kaufmann, Panhans (2006) S. 120

[137] Vgl. Welge, Holtbrügge (2003) S. 145

[138] Vgl. Kaufmann, Panhans (2006) S. 122 f.

[139] Vgl. Kaufmann, Panhans (2006) S. 122

4.3 Standortfaktoren

Standortfaktoren sind „...spezifische Einflussgrößen, die als Vergleichs- oder Bewertungsmaßstab zur Bestimmung des optimalen Standortes dienen."[140]

In der Praxis kommt es vor, dass ein Unternehmen seinen Standort ausschließlich wegen des Vorhandenseins eines bestimmten Faktors auswählt. Üblicherweise kommen aber nicht nur ein, sondern mehrere Aspekte zum tragen.[141]

Die klassische Problemstellung der Standortwahl ist nun für das Unternehmen aus verschiedenen Standortalternativen, die zur Verfügung stehen, die Alternative zu wählen, welche den günstigsten Erfüllungsgrad der Standortfaktoren aufweist.[142]

Hansmann unterteilt die Standortfaktoren in quantitative und qualitative Standortfaktoren.[143]

4.3.1 Quantitative Standortfaktoren

Quantitative Standortfaktoren sind „Einflussgrößen, deren Beitrag zum Unternehmenserfolg direkt gemessen werden kann..."[144]

Im Folgenden sind die wichtigsten Standortfaktoren nach Hansmann aufgelistet.[145]

- Transportkosten der Produkte von Standort zu den Absatzmärkten
- Grundstückkosten (einschließlich Erschließungskosten)
- Kosten der Errichtung der Gebäude
- Personalkosten
- Beschaffungskosten der Materialien
- Standortabhängige Finanzierungskosten
- Regionale Förderungsmaßnahmen der öffentlichen Hand (Investitionszuschüsse, Finanzierungshilfen, Sonderabschreibungen)
- Grund- und Gewerbesteuer
- Gewinnsteuer
- Regionale Differenzierung der Absatzpreise

Eine Standortentscheidung allein aufgrund der quantitativen Standortfaktoren ist meist nicht zufrieden stellend, da die wirtschaftliche und gesellschaftliche Situation des Unternehmens auch von nicht-qualifizierbaren Einflussgrößen abhängt.[146]

4.3.2 Qualitative Standortfaktoren

Qualitative Standortfaktoren sind Größen, deren Beitrag nur indirekt durch subjektive Schätzungen der Entscheidungsträger ermittelt werden kann.[147]

Wichtige qualitative Standortfaktoren nach Hansmann sind:[148]

---

[140] Schulte (2002) S.33 f.
[141] Vgl. Prognos AG (1977) S. 105
[142] Vgl. Schulte (2002) S. 33
[143] Vgl. Hansmann (2006) S. 108
[144] Hansmann (2006) S. 108
[145] Vgl. Hansmann (2006) S. 108
[146] Vgl. Hansmann (2006) S. 108
[147] Vgl. Hansmann (2006) S. 108
[148] Vgl. Hansmann (2006) S. 109

- Grundstück (Lage, Form, Bodenbeschaffenheit, Bebauungsvorschriften, Umgebungseinflüsse, Ausdehnungsmöglichkeit)
- Verkehrslage des Grundstücks (Verbindung zum Personen- und Güterverkehrsnetz)
- Arbeitskräftebeschaffung (Bevölkerungsstruktur und -ausbildung, Arbeitskraftreserven, Konkurrenz auf dem Arbeitsmarkt)
- Transportsektor (Speditionsunternehmen, Nähe eines Seehafens)
- Absatzbereich (Kaufkraft der Bewohner, Konkurrenz)
- Investitions- und Finanzierungsbereich (Bankplatz, Kreditinstitute, Nähe von Anlagen- und Maschinenbaufirmen)
- Infrastruktur des Standorts (Wohnraum, Krankenhäuser, Bildungs- und Kultureinrichtungen, landschaftliche Lage, Umgebung)

Diese Standortfaktoren können den Gewinn des Unternehmens erheblich beeinflussen. Da die Faktoren aber nicht monetär ausgedrückt werden können, müssen sie subjektiv bewertet werden, um Standorte miteinander vergleichen zu können.[149]

4.3.3 Standortfaktoren bei Offshoring-Entschlüssen

Im nächsten Kapitel werden wichtige Standortfaktoren aufgezeigt und erläutert. Für Investoren wichtige Standortfaktoren sind daher in nachfolgender Abbildung dargestellt.[150] Eine weitere sehr ausführliche Auflistung relevanter Standortfaktoren und eine umfangreiche Beschreibung dieser, findet man auch in den Untersuchungen nach Pott.[151]

---

[149] Vgl. Hansmann (2006) S. 109
[150] Vgl. Englisch (2008) S. 9
[151] Vgl. Pott (1983) S. 56 – 111

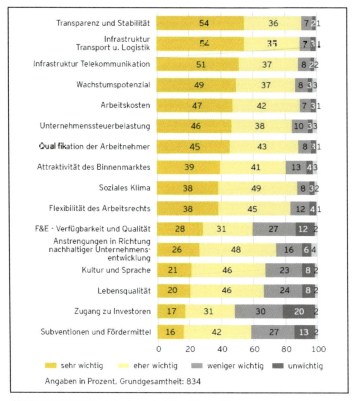

Abbildung8: Wichtige Faktoren bei Direktinvestitionen

In den nachfolgenden Kapiteln werden nun die wichtigsten Standortfaktoren erläutert.

4.3.3.1 Politische Risiken

Wie man in der oben stehenden Abbildung sehen kann, spielen Transparenz und Stabilität eine wichtige Rolle. Das politische Risiko ist ein Indikator, der die Stabilität eines Landes beschreibt.

Unter dem Begriff „Politisches Risiko" versteht man das Risiko, das mit einer unmittelbaren Verlustgefahr einhergeht, welche aufgrund von politischen Weisungen eintreten können. Eine Regierung in einem Gastland ist unantastbar und kann daher jederzeit in das Handeln ansässiger Unternehmen eingreifen.[152]

Um sowohl aktuelles als auch zukünftiges politische Risiko einschätzen zu können haben verschiedene Institute und Zeitschriften Indikatoren entwickelt, welche in periodischen Abständen einen Risikovergleich einzelner Länder entwickeln. Eines der bekanntesten Risikoindikatoren ist der so genannte BERI-Index (*Business Environment Risk Intelligence*).[153] Eine genaue Beschreibung des BERI-Indexes findet man im *Kapitel 4.5.1.2 Qualitative Bewertungsverfahren im Abschnitt Country Rating.*

Um sich vor politischem Risiko zu schützen, welches im schlimmsten Fall ein Stilllegen der Produktion zur Folge hätte, kann hier die Aufspaltung eines Standortes in zwei Län-

---

[152] Vgl. Goette (1993) S. 227 f.
[153] Vgl. Goette (1993) S. 227 f.

der mit ähnlichen Standorteigenschaften sinnvoll sein. Dies ist unter Umständen zwar mit Mehrkosten verbunden, sichert aber die Produktion. Innerhalb von kurzer Zeit könnte man die Produktion auf den noch bestehenden Standort übertragen und so die Produktion und die Versorgung der Kunden sichern.[154]

4.3.3.2 Korruption

Auch die Korruption in einem Land ist ein Spiegelbild der Transparenz und Stabilität eines Landes. Die nachfolgende Tabelle zeigt ausgewählte Länder und deren Korruptionsindex aus dem Jahr 2008. Der Wert 0 bedeutet hier, dass das Land als extrem von Korruption befallen wahrgenommen wird und 10 als frei von Korruption wahrgenommen wird. Die gesamte Tabelle ist auf der Homepage der Transparency International Deutschland e.V. zu finden. [155]

Rang	Land	Punktwert
1	Dänemark	9,3
1	Schweden	9,3
1	Neuseeland	9,3
4	Singapur	9,2
5	Schweiz	9,0
12	Österreich	8,1
14	Deutschland	7,9
18	USA	7,3
18	Japan	7,3
47	Ungarn	5,1
55	Italien	4,8
72	China	3,6
85	Indien	3,4
147	Russland	2,1
180	Somalia	1,0

Tabelle1: Korruptionsindex ausgewählter Länder aus dem Jahr 2008

4.3.3.3 Infrastruktur

Um die Beschaffung, Produktion und den Absatz sicher zu stellen, benötigt man eine gewisse Infrastruktur. Folgende Punkte können unter den Begriff Infrastruktur fallen:[156]

Die Verkehrsanbindung:

- Straßennetz (Autobahnen, Landstraßen)
- Schienennetz

---

[154] Vgl. Stremme (2000) S. 143 f.

[155] Vgl. o. V. (2008d) S.1

[156] Vgl. Goette (1993) S. 193 f.

- Flugverkehr
- Schifffahrt
- Transportgewerbe

Kommunikationssystem:

- Postdienst
- Telefonnetz
- Breitband

Versorgungsdienste:

- Stromversorgung
- Brennstoffe (Erdöl, Erdgas, Kohle)
- Wasser
- Abfallbeseitigung

Die Verkehrsinfrastruktur spielt hier die wesentliche Rolle, da für eine reibungsfreie Leistungserstellung die benötigten Güter vom Beschaffungsort zum Ort der Produktion sowie zum Ort des Absatzes transportiert werden müssen. Nur durch eine entsprechende Verkehrsanbindung kann die Aufgabenstellung des Transports zeitoptimal, kundenorientiert und kostenminimal gelöst werden. Durch die zunehmende Anwendung des „Just-in-time-Prinzip" wächst auch immer mehr die Bedeutung des Punktes Infrastruktur.[157]

4.3.3.4 Geografische Gegebenheiten

Bei den geografischen Gegebenheiten wird hier in die Bereiche Klima und Topografie unterschieden.

Klima

Zu Beachten sind auch geografische Bedingungen verschiedener Länder. So können Arbeitsmotivation und Arbeitsleistung bei extremer Hitze oder Kälte stark nachlassen.[158]
Klimatisch bedingte Phänomene, wie z.B. regelmäßige Überschwemmungen in Teilen Südasiens können eine Leistungserstellung unmöglich machen.[159]
Auch die Ansteckungsgefahr für bestimmte Krankheiten (Tropen) kann einen ausschlaggebenden Einfluss auf die Standortwahl haben.[160]

Topographie

Gerade bei logistischen Aktivitäten im Bereich der Beschaffung und Distribution ist eine extreme Gestaltung der Erdoberfläche ein weiterer Punkt, der beachtet werden muss. So können Transportkosten und Lieferzeiten aufgrund der topographischen Gegebenheiten eine Leistungserstellung an solchen Standorten unrentabel machen.[161]

---

[157] Vgl. Goette (1993) S. 195
[158] Vgl. Goette (1993) S. 250
[159] Vgl. Goette (1993) S. 251
[160] Vgl. Goette (1993) S. 251
[161] Vgl. Goette (1993) S. 252

Auch die Investition in Länder, welche erdbebengefährdet sind, wie bspw. Japan oder Mexiko, ist genau zu überdenken, da spezielle sicherheitstechnische Vorkehrungen zwangsläufig die Standortkosten erhöhen.[162]

4.3.3.5 Kosten von Offshoring

Die Kosteneinsparung ist eines der Hauptmotive von Offshoring. Dennoch können auf das Unternehmen zusätzliche Kosten aufgrund von Offshoring zukommen, welche die Entscheidung für oder gegen einen Standort beeinflussen.[163]

Wechselkursrisiken

Ein Wechselkursrisiko entsteht immer dann, wenn die Produktion in einem anderen Währungsgebiet anfällt als der Absatz.[164] Schaut man sich einmal das Euro-Dollar-Verhältnis an, stellt man fest, dass das Verhältnis in den letzten vier Jahren um 60 % schwankte. So betrug der bisher höchste Wechselkurs 1,3668 US-Dollar, der bisher niedrigste 0,8225 US-Dollar.[165] Zur Erläuterung des Wechselkursrisikos folgt nun ein fiktives aber dennoch aktuelles Beispiel:

Produziert ein Unternehmen in den USA, das einerseits Zulieferer in Japan und andererseits Abnehmer in Mexiko besitzt, entsteht für das Unternehmen eine Art „Währungszange". Durch die Abrechnung der Beschaffungsobjekte in japanischen Yen und gleichzeitiger Realisierung der mexikanischen Umsätze in Peso steigen auf der einen Seite die Kosten (in Dollar) der Beschaffungsobjekte, da der Yen gegenüber dem Dollar derzeit stark zulegt, während die Erlöse (in Dollar), aufgrund des schwachen Peso gegenüber dem Dollars, sinken.[166]

Wechselkursrisiken können daher erhebliche Auswirkungen auf die Ertragslage eines international tätigen Unternehmens haben.[167]

Ein Wechselkursrisiko bringt neben einer Verlustgefahr aber auch eine Gewinnchance mit sich, je nach dem, in welche Richtung sich der Wechselkurs bewegt.[168]

Lohnkostenentwicklung

Die Lohnkostenentwicklung ist ein weiteres Phänomen, welches sich Unternehmen bewusst werden müssen. Mit einsetzender Industrialisierung steigt auch der Wohlstand in einem Land und damit auch die Löhne und Gehälter. Bei gleichzeitigem Anstieg der Löhne und Gehälter in Deutschland bleibt der Lohnkostenvorteil gleich. Die Entwicklung zeigt aber, dass Gehälter in Ländern einer sich entwickelnden Wirtschaft schneller steigen als in bestehenden Industrienationen.[169]

In nachfolgender Abbildung sieht man daher die Entwicklung der Bruttogehälter aus dem Jahr 2005. Gut zu erkennen ist hier, dass europäische Industrienation, wie Deutschland, Österreich oder Frankreich die hinteren Ränge belegen und Länder, in denen sich

---

[162] Vgl. Goette (1993) S. 252 f.

[163] Vgl. Wenning (2006) S. 43

[164] Vgl. Stremme (2000) S. 145

[165] Vgl. Wenning (2006) S. 52

[166] Vgl. Stremme (2000) S. 144 f.

[167] Vgl. Goette (1993) S. 207

[168] Vgl. Tesch (1980) S. 405 f.

[169] Vgl. Wenning (2006) S. 53

die Wirtschaft entwickelt, wie Ungarn, die Slowakei und Litauen die vorderen Plätze ein-
nehmen.[170]

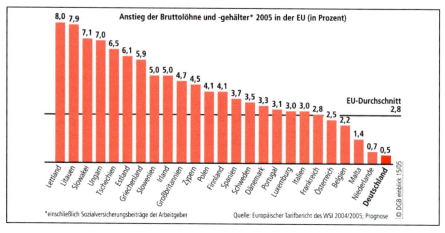

Abbildung9: Anstieg der Bruttogehälter 2005

Sonstige Kosten

Um einen vollständigen Kostenvergleich zwischen Einsparungen und zusätzlichen Kosten herstellen zu können, sind neben den bereits genannten zusätzlichen Kosten noch
eine ganze Reihe von weiteren Kosten zu berücksichtigen.[171] Diese sind:

- Such- und Informationskosten,
- Verhandlungs- und Entscheidungskosten,
- Vereinbarungs- und Abwicklungskosten,
- Reisekosten,
- Absicherungskosten,
- Restrukturierungs- und Durchsetzungskosten
- Kontroll- und Anpassungskosten.[172]

4.3.3.6 Verfügbarkeit und Qualität von Arbeitskräften

Erfahrungen zeigen, dass die Auswahl und die Qualifikation von Personal eng mit dem
Erfolg oder Misserfolg einer Investition zusammenhängen. Die Auswahl von einheimischen und entsandten Mitarbeitern, aber vor allem die Auswahl des Managements muss
gut überlegt sein. Das Management muss in der Lage sein, fremde Sprach- und Kultur-
kreise zu verstehen und Mitarbeiter mit anderen Mentalitäten zu führen und motivieren.[173]
Die Verfügbarkeit von Arbeitskräften ist ein wichtiger Punkt bei der Überlegung einen
Standort im Ausland zu eröffnen. Folglich muss sich ein Unternehmen im Klaren sein, ob

---

[170] Vgl. o. V. (2005) S.1
[171] Vgl. Klingebiel (2006) S. 718
[172] Vgl. Specht (2007) S. 11 f.
[173] Vgl. Groeger, Karenberg, Kemminer, Schröder (1987) S. 13 f.

im möglichen neuen Standort genügend Arbeitskräfte vorhanden sind und ob diese Arbeitskräfte für die anfallende Arbeit genügend qualifiziert sind.[174]

Mögliche Indikatoren für die Qualität der vorhandenen Arbeitskräfte sind bspw. der Anteil an Hochschulabsolventen, das berufliche Ausbildungssystem, aber auch die Analphabetenquote.[175]

4.3.3.7 Kulturelle Unterschiede

Unterschieden wird hier in Sprach-, Mentalitäts- und Religionsunterschiede.

Sprachunterschiede

Schon bei der Auswahl möglicher Standorte kann ein mangelhaftes Verständnis der einheimischen Sprache dazu führen, dass die Informationsbeschaffung über das mögliche Standortland erschwert wird. Dadurch nicht erfasste oder nur lückenhaft erfasste Informationen können dazu führen, dass ein Land frühzeitig aus der Entscheidungswahl ausgeschlossen wird. Auf der anderen Seite können aber auch Informationen falsch interpretiert werden und der Standort schneidet besser ab, als er bei richtiger Interpretation der Daten abschneiden würde. Darüber hinaus können persönliche Vorlieben oder Abneigungen für bestimmte Sprachen ein Ergebnis positiv oder negativ beeinflussen.[176]

Weitere Kommunikationsprobleme können zwischen dem ausländischen Management und den einheimischen Bevölkerungsgruppen, wie z.B. Mitarbeitern, Lieferanten oder Behörden auftreten. Solche Sprachbarrieren können den Erfolg von Auslandsinvestitionen erheblich beeinflussen und sogar gefährden. Dies erklärt auch das Phänomen, dass US-amerikanische Unternehmen mit keiner oder nur geringer Auslandserfahrung aufgrund der vereinfachten Kommunikation zuerst Auslandsstandorte in englischsprachigen Ländern in Erwägung ziehen.[177]

Mentalitätsunterschiede

Unter Mentalität versteht man Denkhaltung und Verhaltensweisen der Bevölkerung einzelner Länder und Regionen. So steht Deutschland bspw. für Ordnung und Gründlichkeit.[178] Ein weiteres Beispiel für einen Mentalitätsunterschied zeigt die nachfolgende Tabelle.[179]

---

[174] Vgl. Goette (1993) S. 199
[175] Vgl. Goette (1993) S. 199.
[176] Vgl. Goette (1993) S. 239
[177] Vgl. Goette (1993) S. 240 f.
[178] Vgl. Goette (1993) S. 242
[179] Vgl. Goette (1993) S. 243

Verhalten	Reaktion	
	USA	Japan
Pause, bevor man auf eine Frage antwortet	Mißtrauen, weil nicht direkt	Vertrauen, weil überlegt
Schweigen	Verlegenheit	kein Problem
Offen sprechen	wird geschätzt	wird für unhöflich, indiskret gehalten
Selbstständig denken und handeln	Individualisten sind frei und bewundernswert	Individualisten sind aszozial. Teamplayer sind zu schätzen

Abbildung10: Mentalitätsvergleich zwischen den USA und Japan

Auch bei der Standortwahl können Vorurteile die Standortwahl positiv oder negativ beein-flussen. So kann eine Übereinstimmung zwischen den Mentalitäten von Investor und Gastland dazu führen, dass Standortentscheidungen zu Gunsten des mentalitätsgleichen Land getroffen werden.[180]

Religionsunterschiede

Aus der Religion heraus können Barrieren entstehen. So können religiöse Rituale, wie z.B. Gebete am Arbeitsplatz oder eine generell religiös geprägte Einstellung zur Arbeit, negative Auswirkungen auf die Produktivität eines Einzelnen haben.[181]

4.3.3.8 Mögliche Qualitätsverschlechterung

Eine mögliche Qualitätsverschlechterung kann verschiedene Gründe haben. Mangelnde Einflussmöglichkeit, Kulturunterschiede und Transportprobleme spielen hier eine Rolle.[182]

Einflussmöglichkeit

Besonders bei Produkten, die ein hohes Maß an Qualität erfordern, ist es wichtig eine kontinuierliche Leistungserfüllung zu gewährleisten. Da aber an verschiedenen Produkti-onsstandorten oft unterschiedliche Bedingungen herrschen, wie Qualität der Mitarbeiter und Ausstattung an Produktionsanlagen, besteht ein Risiko von Leistungsunterschieden. Um diese Leistungsunterschiede so gering wie möglich zu halten, ist eine Einflussnahme notwendig. Oft ist diese Einflussnahme wegen einer geografischen Distanz nicht möglich. Eine ständige Kontrolle ist daher ausgeschlossen. Umso wichtiger sind daher Qualitäts-kontrollen, ein detailliertes Reklamationswesen und Qualifizierungsmaßnahmen für Liefe-ranten und Mitarbeiter.[183]

---

[180] Vgl. Goette (1993) S. 244
[181] Vgl. Goette (1993) S. 246 f.
[182] Vgl. Wenning (2006) S. 59
[183] Vgl. Wenning (2006) S. 59 f.

Kulturelle Unterschiede

Die kulturellen Unterschiede wurden bereits im *Kapitel 4.3.3.4 Kulturelle Unterschiede* ausführlich erläutert.

Transportrisiko

Oft müssen Zwischenprodukte von Standort zu Standort transportiert werden. Bei einem solchen Transport kann es zu Beschädigungen, einem verspäteten Eintreffen oder einem totalen Verlust des Produktes kommen.[184]
Gerade ein verspätetes Eintreffen von Zwischenprodukten ist ein großes Risiko. Daher sind Logistikkonzepte, wie Just-in-Time-Konzepte über große Entfernungen kaum zu realisieren. Eine Möglichkeit zur Reduzierung des Risikos sind größere Lagerbestände, was aber wieder mit Mehrkosten und dem Risiko der Veralterung der Lagerbestände verbunden ist.[185]

4.4 Der Offshoring-Prozess

4.4.1 Voraussetzung für Offshoring

Das beste Rezept für das Gelingen von Offshoring ist eine sorgfältige Vorbereitung. Die Einführung von geeigneten Entwicklungsprozessen, das Aneignen des benötigten Knowhows und die personellen Maßnahmen müssen akribisch geplant und durchdacht werden. Eine Offshoring-Aktivität kann nicht einmal so nebenbei durchgeführt werden und erfordert das Bilden eines Projektteams und eine intensive Involvierung der Geschäftsleitung.[186]

4.4.2 Standortentscheidungsprozess

Der Standortentscheidungsprozess ist eine prozessorientierte Planung. Dies bedeutet, dass bei der strategischen Planung eine Vielzahl von Einzelaktivitäten durchgeführt werden müssen, die in einem sachlogischen und zeitlogischen Zusammenhang stehen. Der Planungs- und Entscheidungsprozess wird also in mehrere differenzierende Phasen unterteilt. In der Literatur gibt es eine Vielzahl von Prozessmodellen zur Entscheidungsfindung. Eine Vielzahl von ihnen lässt sich aber auf ein identisches Grundmodell zurückführen. Das hier erläuterte Prozessmodell bezieht sich auf die Untersuchungen und Erkenntnissen nach Hummels. Seine strukturierte und systematische Vorgehensweise wird von der Deutschen Entwicklungsgesellschaft (DEG) in ähnlicher Form als Orientierungsrahmen empfohlen.[187]

---

[184] Vgl. Wenning (2006) S. 61
[185] Vgl. Wenning (2006) S. 61 f.
[186] Vgl. Steimle (2007) S. 31 f.
[187] Vgl. Hummels (1997) S. 155 f.

Das Vorgehensmodell setzt sich aus den folgenden Phasen zusammen.[188]

- Diagnose
- Informationsbedarf
- Alternativvorauswahl
- Alternativbewertung
- und Entschluss

4.4.2.1 Diagnose

Die Diagnosephase ist durch folgende Phasen gekennzeichnet:

- Auslöseinformationen
- Abweichungs-, Ursachen- und Situationsanalyse
- Festlegung der Standortziele und Formulierung der Problemstellung

Auslöseinformationen sind alle Faktoren die einen Standortplanungsprozess in Unternehmen hervorrufen. Man unterscheidet hier aktive und passive Anregungen.[189]

Bei der aktiven Anregung kommt die Initiative zur Prozessauslösung von der Unternehmensführung selbst. Durch Unternehmensanalysen kann erkannt werden, dass die bisherige Standortkonfiguration ein Defizit aufweist. Es können sich Rahmenbedingungen geändert oder neue Märkte aufgetan haben.[190] Ein Beispiel hier ist das Beobachten von Absatzzahlen. Entwickelt sich ein Absatzmarkt in einem Land positiv und wird somit ein Eindruck erweckt, dass sich ein internationaler Standort dort lohnen könnte, kommt es zu einer aktiven Anregung.[191]

Eine passive Anregung kommt zustande, wenn sich Unternehmenskennzahlen verschlechtert haben und dadurch eine Ursachenanalyse angeregt wird.[192] Aber auch das Herantreten von Gastlandregierungen und Unternehmen aus dem Ausland wird als eine passive Anregung bezeichnet. So ein Herantreten kann so aussehen, dass eine Regierung aus dem Ausland an ein deutsches Unternehmen herantritt, um mit deren Unterstützung eine eigene konkurrenzfähige Industriestruktur aufzubauen. Oder ein Unternehmen aus dem Ausland benötigt Unterstützung in Form eines Joint-Ventures, um notwendige Finanzmittel, Management-Kenntnisse und vor allem Produktions-Know-how zu erhalten.[193]

Im nächsten Schritt werden die Auslöseinformationen untersucht. Sind die Abweichungen zu gering, wird der Standortentscheidungsprozess abgebrochen. Ansonsten werden die Ursachen die zum Anregen des Prozesses führten analysiert. Ziel dieser Analyse ist das Herausfinden der Faktoren, welche für die Verschlechterung der Unternehmensposition verantwortlich sind oder Faktoren zu erkennen, welche dass Unternehmenspotenzial ausbauen. Es geht also somit um das Erkennen von Stärken und Schwächen der Unternehmensstruktur.[194] Diese und weitere Aufgaben übernehmen Projektteams. Je nach Größe des Unternehmens und Umfang der Verlagerung kann so ein Projektteam unter-

---

[188] Vgl. Hummels (1997) S. 157
[189] Vgl. Hummels (1997) S. 158
[190] Vgl. Hummels (1997) S. 158
[191] Vgl. Autschbach (1997) S. 197
[192] Vgl. Hummels (1997) S. 158
[193] Vgl. Autschbach (1997) S. 198
[194] Vgl. Hummels (1997) S. 158 f.

schiedlich zusammengesetzt sein. In keinem Unternehmen existiert eine Abteilung, die sich ausschließlich mit Standortentscheidungen befasst. Vielmehr besitzen vor allem große Unternehmen Stabsabteilungen (*„Unternehmensplanung", „Konzernstrategie"*) welche sich auch mit Standortfragen auseinander setzen. Eins bis zwei Mitarbeiter dieser Abteilung bilden dann das Kernteam des Standortplanungsteams. Je nach Art der Verlagerung (Produktionsbetrieb, Joint-Venture, etc...) und Zeitpunkt kommen dann Mitarbeiter aus verschiedenen Abteilungen hinzu, wie bspw. Produktion, Finanzen, Vertrieb, Forschung & Entwicklung, Beschaffung/Einkauf, Rechnungswesen, Rechtwesen, Personalwesen.[195]

Sind die Abweichungsursachen oder Chancen identifiziert, erfolgt die Formulierung der Problemstellung und die Festlegung der verfolgten Zielsetzung.[196] Ist beispielsweise eine Verschlechterung der Kostensituation identifiziert worden, so ist das Ziel produktionsorientiert zu definieren. Hat man aber Probleme mit dem Absatz des Produkts, so sind die Ziele im Bereich eines verstärkten Auslandsengagements zu setzten.[197]

4.4.2.2 Informationsbedarfsanalyse

Zunächst wird hier der Handlungsspielraum abgesteckt. Der Handlungsspielraum kann hier begrenzt werden, da Standortabhängigkeiten, persönliche Präferenzen der Unternehmensleitung oder Richtlinien berücksichtigt werden müssen. Eine solche Richtlinie könnte bspw. eine Beschränkung der unternehmerischen Aktivität auf Europa sein.[198]

Entscheidet man sich für eine Direktinvestition, werden nun im nächsten Schritt die Standortfaktoren und deren Gewichtung festgelegt. Hilfreich sind nun die in der Diagnosephase herausgefunden Stärken und Schwächen. Mit deren Hilfe und dem abgestecktem Handlungsspielraum können nun die Standortfaktoren (*siehe bereits erläutertes Kapitel 4.3 Standortfaktoren*) festgelegt werden.[199]

Bei der Auswahl und Gewichtung der Faktoren spielen die Branche des Unternehmens (Dienstleistung, Handwerk), die Funktion die verlagert werden soll (Produktion, Forschung & Entwicklung) und die Unternehmensgröße eine wichtige Rolle.[200] So liegt es z. B. auf der Hand, dass die Grundstoffindustrie Standorte nach dem Vorhandensein von Mineralvorkommen wählt, Industriezweige mit arbeitsintensivem Fertigungszweig, die keine hohen Anforderungen an das Know-how stellen, in Niedriglohnländer in Osteuropa oder Fernost verlagern oder Unternehmen, die anspruchsvolle Aktivitäten durchführen und auf Know-how angewiesen sind, meist nur in Ballungsräumen zu finden sind.[201]

In der Literatur findet man schon fertige, auf die Branche abgestimmte Standortfaktorenkataloge. Empfohlen wird aber, diese nur als eine Hilfestellung zu verwenden und sich einen eigenen, auf das Unternehmen abgestimmten Faktorkatalog anzufertigen.[202]

Sinnvoll ist es die ausgewählten Standortfaktoren nochmals in zwei Relevanzklassen zu untergliedern:[203]

---

[195] Vgl. Autschbach (1997) S. 195 f.

[196] Vgl. Hummels (1997) S. 159

[197] Vgl. Hummels (1997) S. 159

[198] Vgl. Hummels (1997) S. 160

[199] Vgl. Hummels (1997) S. 160

[200] Vgl. Hutzschenreuter, Dresel, Ressler (2007) S. 68 ff.

[201] Vgl. Prognos AG (1977) S. 105

[202] Vgl. Autschbach (1997) S. 144

[203] Vgl. Hummels (1997) S. 162

- **Muss-Faktoren**: Standortanforderungen die auf jeden Fall zu einem Mindestmaß erfüllt werden müssen. Erfüllt ein Standort diese Anforderungen nicht, scheidet er aus dem Entscheidungsprozess aus. Muss-Faktoren dienen daher einer Vorauswahl, mit deren Hilfe die Komplexität an Alternativen recht schnell vereinfacht werden kann.

- **Soll-Faktoren**: Standortfaktoren die zur relativen Bewertung der Alternativen dienen.

4.4.2.3 Alternativvorauswahl

In der Alternativvorauswahl wird die Anzahl der Alternativen durch eine Makroanalyse auf eine übersichtliche Anzahl reduziert. Des geschieht durch eine Negativauslese. Man eliminiert also alle Standorte die nicht in Frage kommen.[204]

Das Ziel der Makroanalyse ist demnach, aus einer Vielzahl von Standortalternativen die Länder herauszufiltern, welche im nächsten Schritt (Mikroanalyse) einer intensiveren Analyse unterzogen werden sollen. Dadurch soll der Aufwand an intensiver Informationsbeschaffung und Zeitaufwand gesenkt werden, um so die Kosten der Informationsbeschaffung so gering wie möglich zu halten. Die Datenforschung für die Alternativvorauswahl erfolgt auf zuverlässigen Informationen aus öffentlich und einfach zugänglichen Quellen. Daher kann man hier bereits bestehende Rankings von Instituten heranziehen.[205]

Eine Auswahl möglicher Informationsquellen ist bspw.:[206]

Außerhalb des Unternehmens:

- staatliche, öffentliche oder gemeinnützige Stellen
  - die Bundesstelle für Außenhandelsinformation
  - die Deutsche Investitions- und Entwicklungsgesellschaft (DEG)
  - der Deutsche Industrie- und Handelskammertag (DIHK)
  - Botschaften, Konsulate und Außenhandelskammern des Gastlandes in Deutschland
  - deutsche Botschaften und Konsulate in möglichen Gastländern
  - regionale Entwicklungsbehörden, Ministerien und Entwicklungsförderungsgesellschaften im Gastland

- private Stellen:
  - Banken, die im betreffenden Land vertreten sind
  - Unternehmensberater
  - Standortmessen

- persönliche Kontakte:
  - Investoren, die sich bereits mit einem möglichen Gastland befasst haben
  - Kunden
  - Konkurrenten
  - Geschäftsfreunde im Ausland

---

[204] Vgl. Hummels (1997) S. 162

[205] Vgl. Hummels (1997) S. 160 f.

[206] Vgl. Pott (1983) S. 125 ff.

Innerhalb des Unternehmens:

- Informationen von Mitarbeitern eigener, im Ausland ansässiger Vertriebsorganisationen oder Niederlassungen
- Hauseigene Datenbanken

Eine umfangreiche Auswahl an Instituten und Partnern zur Informationsbeschaffung und Unterstützung des Offshoring-Prozesses findet man auch im Arbeitshandbuch für international planende Unternehmen *Standort Ausland*.[207]

Als nächstes kommen die definierten Muss-Faktoren zum Einsatz. Erfüllt ein Land einen Muss-Faktor nicht, scheidet dieses aus. Das Definieren der Muss-Faktoren ist natürlich von Unternehmen zu Unternehmen unterschiedlich. Mögliche Muss-Faktoren sind meist Größe und Offenheit der Ländermärkte, das Vorhandensein von Marktzugangsschranken, Höhe der Lohn- und Lohnnebenkosten sowie das Vorhandensein notwendiger Ressourcen. Ist die Anzahl der Alternativen nach der Makroanalyse noch zu groß, können des Weiteren Soll-Faktoren zur Reduzierung der Alternativen herangezogen werden.[208]

Erfüllt kein Standort die Anforderungen, müssen die Standortanforderungen nochmals überdacht und wenn möglich angepasst werden. Können die Anforderungen nicht angepasst werden, muss man über eine Anpassung des alten Standorts oder über eine Veränderung der Standortziele nachdenken.[209]

4.4.2.4 Alternativbewertung

Hat man die Anzahl der Alternativen unter Verwendung der Makroanalyse auf ein handliches Maß reduziert, beginnt mit der Phase der Alternativebewertung der eigentliche Auslese- und Bewertungsprozess. Die Mikroanalyse unterscheidet sich von der Makroanalyse in zwei wesentlichen Punkten.[210]

(1) Der Detaillierungsgrad der Analyse ist viel exakter. Ein Beispiel hierfür ist, dass in der Makroanalyse der Standortfaktor „politische Stabilität" durch ein Indize beschrieben wurde, dessen Information man bspw. von einer Beratungsfirma erhalten hat. In der Mikroanalyse erfolgt nun die Bewertung ebenfalls mit dem Standortfaktor „politische Stabilität", diesmal jedoch anhand einer selbst oder durch einen externen Berater angefertigten Studie, die die Besonderheiten des eigenen Unternehmens berücksichtig. Es werden nun auch Projektteams an verschiedene Standorte geschickt, die bspw. eigene, empirische Markt- und Länderanalysen durchführen. Des Weiteren werden nun auch Interdependenzen zwischen unterschiedlichen Standortfaktoren berücksichtigt.[211]

(2) Der zweite Unterschied betrifft die Auswahl des Bewertungsverfahrens. In der Makroanalyse reichten einfache Checklisten oder grobe Portfolios noch aus. Nun aber benötigt man komplexe Methoden oder Methodenverbunde um die bereits angesprochenen Interdependenten, sowie die Vielzahl an qualitativen und quantitativen Faktoren zu berücksichtigen. Eine Auswahl an gängigen Methoden und deren Ablauf wird im nachfolgenden *Kapitel 4.5 Methoden zur Standortentscheidungsfindung* noch dargestellt.[212]

---

[207] Vgl. Groeger, Karenberg, Kemminer, Schröder (1987) S. 79 ff.

[208] Vgl. Hummels (1997) S. 162 f.

[209] Vgl. Hummels (1997) S. 163

[210] Vgl. Hummels (1997) S. 163

[211] Vgl. Hummels (1997) S. 163 f.

[212] Vgl. Hummels (1997) S. 164

Hat man die Mikroanalyse abgeschlossen und hat das bzw. die potenziellen Zielländer ermittelt, so werden in weiteren Schritten die Region und der exakte Standort ermittelt. Hier spielen Faktoren, wie Anbindung an das Verkehrsnetz, geeignetes Grundstück sowie Ent- und Versorgungseinrichtungen eine Rolle. Auch hier werden Projektteams an die potenziellen Standorte versandt, um sich ein Bild von der Lage zu machen.[213]

4.4.2.5 Entschluss

In der Entschlussphase wird eine Entscheidung getroffen, für welchen Standort man sich letztlich entschieden hat. Sofern nur ein Standort verbleibt wird entschieden, ob eine Direktinvestition durchgeführt wird, oder nicht.[214]

Des Weiteren ist zu erwähnen, dass Standortentscheidungen nicht allein durch Bewertungsverfahren getroffen werden. Oft spielen individuelle Erfahrungspotenziale, persönliche Präferenzen oder eine Risikobereitschaft von Entscheidungsträgern, zusammen mit den methodisch gewonnenen Erkenntnissen, eine ausschlaggebende Rolle für welchen Standort man sich letztendlich entscheidet.[215]

4.5 Methoden zur Standortentscheidungsfindung

Wie bereits erwähnt benötigt man für die Entscheidung bei einer Standortverlagerung eine Prüfung und Bewertung aller Einflussfaktoren für die jeweiligen Standorte. Um das Potenzial eines Standortes zu messen benötigt man daher adäquate Bewertungsverfahren.[216]

Ziel ist die Schaffung einer strukturierten Informationsgrundlage der verschiedenen Standortalternativen. Die konventionellen Bewertungsverfahren lassen sich hierbei in qualitative und quantitative Verfahren trennen.[217]

Quantitative Verfahren:
- Lineare Optimierung
- Investitionsrechenverfahren

Qualitative Verfahren:
- Checklistenverfahren
- Nutzwertanalyse
- Profilmethode
- Portfolio-Analyse
- Country-Rating

4.5.1 Quantitative Bewertungsverfahren

Hier verwendet man bevorzugt analytische Verfahren. Durch eine Anwendung mathematischer Methoden ist das Ergebnis hier eine algebraische Optimallösung.[218]

---

[213] Vgl. Hummels (1997) S. 164
[214] Vgl. Autschbach (1997) S. 209
[215] Vgl. Stremme (2000) S. 258
[216] Vgl. Peters, Reinhardt, Seidel (2006) S. 115
[217] Vgl. Peters, Reinhardt, Seidel (2006) S. 127 ff. und Stremme (2000) S. 245 ff.
[218] Vgl. Stremme (2000) S. 245

Verfahren der linearen Optimierung

Hier wird zunächst eine Zielfunktion festgelegt. Diese Zielfunktion berücksichtigt standortabhängige Kosten- sowie Erlösgrößen.[219]

Neben der Zielfunktion können nun in Nebenbedingungen quantitative Größen, wie Absatzhöchstmengen, Investitionsbudgets oder Kapazitätsgrenzen eingearbeitet werden. Durch die in der Makroanalyse beschränkte Anzahl an Standorten erhält man nun ein diskretes Optimierungsmodell.[220]

Für die Lösung des linearen Optimierungssystems wird eine Kombination aus Branch-and Bound-Verfahrens und des Simplex-Algorithmus angewandt. Es werden demzufolge die verschiedenen Standortalternativen durchgerechnet. Findet man eine zulässige Lösung, wird diese mit der bisherigen besten Lösung verglichen (Bound). Durch ein verzweigtes Vorgehen (Branching) schließt man Lösungswege aus, die zu keiner Verbesserung des Ergebnisses führen. Hansmann veranschaulicht in einem ausführlichen Praxisbeispiel[221] die Vorgehensweise bei gemischt-ganzzahligen Optimierungen.[222]

Verfahren der Investitionsrechnung

Eine internationale Standortentscheidung ist von ihrem Charakter eine Investition, in der Personal-, Finanz-, und Sachinvestitionen berücksichtigt werden müssen. Daher werden zur Findung eines optimalen Standortes auch investitionstheoretische Verfahren angewandt.[223] Besonders quantitative Standortfaktoren lassen sich mit Hilfe der Investitionsrechung auswerten.[224]

Nach Möglichkeit sollten Methoden der dynamischen Investitionsrechnung verwendet werden (Kapitalwertmethode, Annuitätenmethode, interner Zinsfuß oder dynamische Amortisationsrechnung), da sie im Gegensatz zu den statischen Rechenverfahren (Kosten- und Gewinnvergleichsrechung, Rentabilitätsrechnung, statische Amortisationsrechung) die zeitliche Struktur der Zahlungsströme und somit auch Zinserträge berücksichtigt.[225]

Da eine ausführliche Darstellung der Methoden hier den Rahmen sprengen würde, wird hier auf die dazu angegebene Literatur verwiesen.[226]

Wichtig bei der Anwendung von Investitionsrechenverfahren ist die Tatsache, dass dieses Verfahren nicht als alleiniges Verfahren angewandt werden sollten, da es qualitative Standortfaktoren vernachlässigt.[227]

Weitere Schwierigkeiten bei der Anwendung von Investitionsrechungen sind, dass die benötigten Daten unsicherer werden, je weiter man in die Zukunft blickt. Auch Prognoseunsicherheiten in Verbindung mit instabilen Wechselkursen stellen Schwierigkeiten bei der Benutzung von Investitionsrechenverfahren dar. Trotz dieser Schwierigkeiten sollte man aber nicht auf die Anwendung solcher Verfahren verzichten.[228]

---

[219] Vgl. Stremme (2000) S. 246
[220] Vgl. Stremme (2000) S. 245
[221] Vgl. Hansmann (2006) S.116 ff.
[222] Vgl. Stremme (2000) S. 246 f.
[223] Vgl. Hummels (1997) S. 272
[224] Vgl. Peters, Reinhardt, Seidel (2006) S. 127
[225] Vgl. Stremme (2000) S. 247 f.
[226] Vgl. Hummels 275 f.
[227] Vgl. Peters, Reinhardt, Seidel (2006) S. 127 f.
[228] Vgl. Stremme (2000) S. 248

4.5.2 Qualitative Bewertungsverfahren

Qualitative Verfahren werden in der Praxis gerne angewandt, da eine Vielzahl von Standortalternativen analysiert und verglichen werden kann. Ziel ist es nicht eine optimale Lösung zu finden, sondern anhand von Ausschlusskriterien die Anzahl an Alternativen zu verkleinern, den Suchaufwand zu verringern und eine gute, zufrieden stellende Lösung zu finden.[229] Die Prognose enthält hier viele subjektive Elemente und mathematische Instrumente finden nur geringen Einsatz. Des Weiteren kommen hier bei der Prognose oft Experten zum Einsatz, die ein großes Spektrum an Erfahrungen in ihrem Spezialgebiet aufweisen.[230]

Checklistenverfahren

Das Checklistenverfahren ist ein sehr einfach aufgebautes Verfahren. Die Methode ist in drei Schritte unterteilt:[231]

Im ersten Schritt werden die Standortanforderungen ermittelt, welche für die Verlagerung von Nöten sind. Dieser Schritt ist auch zugleich mit der wichtigste Schritt, da hier alle wichtigen Standortfaktoren für das Gelingen der Direktinvestition ermittelt werden und somit der Grundstock für ein späteres Gelingen der Direktinvestition gelegt wird. Die ermittelten Faktoren werden dann in einer Prüfliste dokumentiert.[232] Ein Vorteil hier ist, dass solche Prüflisten für verschiedene Branchen und untergeordnete Industriezweige mit den relevanten Standortanforderungen bereits vorgefertigt zur Verfügung stehen und als Orientierung zum Zuge kommen können.[233]

Im zweiten Schritt werden die möglichen Standortländer mit den Mindestanforderungen verglichen.[234]

Der dritte und letzte Schritt ist das Vergleichen der Standorte untereinander. Erfüllt ein Standort bspw. eine Anforderung am besten, erhält er eine Kennzeichnung. Der Standort mit den meisten Kennzeichnungen besitzt am Ende die höchste Priorität.[235]

Vorteile bietet das Verfahren hier, da wie bereits erwähnt vorgefertigte Prüflisten verwendet werden können und sowohl qualitative als auch quantitative Standortfaktoren untersucht werden können.[236]

Nachteilig ist das subjektive Vorgehen. Standortfaktoren können nie vollständig erfasst werden und deren Auswahl ist stets subjektiv. Auch der Bewertungsvorgang an sich ist subjektiv und zum Großteil nicht nachvollziehbar. Des Weiteren können keine Interdependenzen zwischen den einzelnen Faktoren dargestellt werden.[237]

Trotz der genannten Nachteile eignet sich das Verfahren beim Einsatz der Alternativvorauswahl. Durch Muss-Faktoren lässt sich die Anzahl der möglichen Standorte einfach reduzieren und so eine spätere aufwändige Informationsbeschaffung zu vieler Alternativstandorte vermeiden.[238]

---

[229] Vgl. Stremme (2000) S. 249
[230] Vgl. Hummels (1997) S. 232
[231] Vgl. Hummels (1997) S. 241
[232] Vgl. Hummels (1997) S. 241
[233] Vgl. Stremme (2000) S. 250
[234] Vgl. Hummels (1997) S. 241
[235] Vgl. Hummels (1997) S. 241
[236] Vgl. Hummels (1997) S. 241
[237] Vgl. Hummels (1997) S. 241 f.
[238] Vgl. Hummels (1997) S. 241 f.

Nutzwertanalyse

Die Nutzwertanalyse ist ein systemisches Verfahren, welches die verschiedenen Standortfaktoren mit Punkten bewertet und vergleicht. In der Praxis ist es das am häufigsten angewandte Verfahren und wird hier daher etwas genauer betrachtet.[239]

Im Folgenden wird anhand eines Beispiels ein grober Leitfaden zur Anwendung der Nutzwertanalyse dargestellt. Dies wird dabei auf die Thematik der Standortwahl übertragen und daher als „Standort-Nutzwertanalyse" bezeichnet.[240] Die Nutzwertanalyse vollzieht sich in sechs Schritten:[241]

(1) Bestimmen relevanter Standortfaktoren und deren Hierarchie
(2) Gewichtung der Standortfaktoren
(3) Aufstellung der Wertetabelle oder Wertefunktion
(4) Bewertung der Standorte
(5) Berechnung der Standortnutzwerte und Ermittlung deren Rangfolge
(6) Sensitivitätsanalyse

Nachfolgende Abbildung zeigt eine exemplarische Berechung von Standortnutzwerten. Anhand dieses Beispiels wird das Vorgehen bei der Standort-Nutzwertanalyse erklärt.[242]

---

[239] Vgl. Peters, Reinhard, Seidel (2006) S. 129
[240] Vgl. Stremme (2000) S. 251
[241] Vgl. Stremme (2000) S. 251 ff.
[242] Vgl. Stremme (2000) S. 252

1	2	3	4	5	6	7	8	9	10	11	12
		Vorspalten				Standort I			Standort II		
k_i	k_{ij}	Standortfaktoren	g_i	tg_{ij}	g_{ij}	P_{ij}	$g_{ij} \cdot P_{ij}$	TN	P_{ij}	$g_{ij} \cdot P_{ij}$	TN
1		Lokales Umfeld	0,1								
	1.1	- Lokalpolitik		0,3	0,03	3	0,09		4	0,12	
	1.2	- Sozio-Kultur		0,3	0,03	3	0,09		3	0,09	
	1.3	- Fremdheitsgrad		0,4	0,04	4	0,16		3	0,12	
				1				0,34			0,33
2		Marktnähe	0,2								
	2.1	- Absatzmärkte		0,8	0,16	4	0,64		3	0,48	
	2.2	- Beschaffungsmärkte		0,2	0,04	3	0,12		2	0,08	
				1				0,76			0,56
3		Verkehrsanbindung	0,2								
	3.1	- lokal		0,3	0,06	2	0,12		3	0,18	
	3.2	- national/international		0,7	0,14	4	0,56		3	0,42	
				1				0,68			0,60
4		Arbeitskräftepotential	0,3								
	4.1	- Ausbildungsqualität		0,7	0,21	3	0,63		2	0,42	
	4.2	- Arbeitsmarktlage		0,3	0,09	2	0,18		4	0,36	
				1				0,81			0,78
5		Grundstück	0,1								
	5.1	- lokale Lage		0,2	0,02	4	0,08		3	0,06	
	5.2	- Bebauungsvorschriften		0,2	0,02	3	0,06		4	0,08	
	5.3	- Topographie		0,2	0,02	2	0,04		4	0,08	
	5.4	- Ausdehnungsmöglichk.		0,4	0,04	2	0,08		5	0,20	
				1				0,26			0,42
6		Allgemeine Standortqualität	0,1								
	6.1	- Wohnqualität		0,3	0,03	2	0,06		3	0,09	
	6.2	- Freizeitwert		0,3	0,03	5	0,15		2	0,06	
	6.3	- Bildungsmöglichkeiten		0,4	0,04	3	0,12		2	0,08	
				1				0,33			0,23
Summen			1		1		N =	3,18		N =	2,92

k_i = Standortfaktor i

k_{ij} = untergeordneter Standortfaktor j

g_i = Gewichtung von ki, mit $0 < g_i < 1$ und Summe der g_i = 1

tg_{ij} = Teilgewichtung der k_{ij} innerhalb einer Gruppe von Standortfaktoren, mit $0 < tg_{ij} < 1$

g_{ij} = Gewichtung von k_{ij}, und zwar bezogen auf die Gesamtheit der Standortfaktoren,

Tabelle2: Exemplarische Berechung von Standortnutzwerten

(1) Zunächst müssen die Standortfaktoren bestimmt werden. Dabei können Standortfaktoren nochmals hierarchisch in Unterpunkte aufgespaltet werden (*Tabelle2 Spalte 1-3*). Bei der Abgrenzung der Standortfaktoren ist darauf zu achten, dass sie voneinander unabhängig sind. Anderenfalls sollte eine weitere Aufspaltung des Standortfaktors vorgenommen werden.[243]

(2) Als nächstes muss eine Gewichtung des Standortfaktors erfolgen. Die Bestimmung der Gewichtung kann durch eine subjektive Schätzung oder durch ein systematisches Verfahren erfolgen. Des Weiteren muss die Summe der Gewichtung der Unterpunkte auf

---

[243] Vgl. Stremme (2000) S. 253

„1" oder „100 %" erfolgen (*Tabelle2 Spalte 5*). Um die Berechung zu vereinfachen emp-fiehlt es sich die Teilgewichtungen (*Tabelle2 Spalte 5*) so umzurechnen, dass sie sich auf die Gesamtheit der Standortfaktoren bezieht (*Tabelle2 Spalte 6*).[244]

(3) Nun müssen die einzelnen Standortfaktoren je nach Erfüllungsgrad der Anforderung bewertet werden. Hierzu sind Wertetabellen oder Wertefunktionen zu erstellen.[245] Die nachfolgende Abbildung zeigt eine solche beispielhafte Wertetabelle.[246]

Bewertungspunkte Standortkriterium	5	3	1
Entfernung zum Hauptabsatzgebiet	bis 20 km	bis 40 km	über 40 km
Entfernung zu Beschaffungsmärkten	bis 30 km	bis 60 km	über 60 km
Verkehrsanbindung	Flughafen-, Bahnhof-, Autobahn- anbindung	Bahnhof-, Autobahn- anbindung	Autobahn- anbindung
Arbeitslosenquote	mehr als 10 %	7 - 10 %	weniger als 7 %
Akademikeranteil	mehr als 13 %	9 - 13 %	weniger als 9 %

Abbildung11: fiktives Beispiel für eine Wandlung in Erfüllungsgrade von Standortfaktoren

(4) Dem jeweiligen Standortfaktor sind dann diese Punktwerte zuzuordnen (*Tabelle2 Spalte 7 und 10*).[247]

(5) Nun sind die Standortnutzwerte der verschiedenen Alternativen zu berechnen. Hierzu ist es sinnvoll zunächst den Teilnutzen zu berechnen (*Tabelle2 Spalte 9 und 12*), da so das Ergebnis transparent bleibt und die Zusammensetzung des Gesamtnutzens ver-ständlicher ist. Danach addiert man die verschiedenen Teilnutzen und erhält einen Ge-samtnutzen des Standortes. Aber auch andere Berechnungswege sind durchführbar. Beispielsweise ist eine multiplikative Verknüpfung der Teilnutzen denkbar. So können Muss-Kriterien berücksichtigt werden, da eine Nichterfüllung mit dem Wert „0" bewertet wird und diese Alternative somit auszuschließen wäre.[248]

(6) Im letzten Schritt ist eine Sensitivitätsanalyse durchzuführen. Hier ist die Auswirkung von Parameteränderungen auf den Standortnutzwert zu prüfen. Hierzu werden Gewich-tungen oder Punktewerte der Stanortfaktoren verändert, um die Veränderung des Ge-samtnutzens zu untersuchen. Hier werden die Auswirkungen sichtbar, die die subjektive Festlegung der Gewichtung, Punktewerten oder Verknüpfungsregeln mit sich führen. Darüber hinaus können Investitionen durch eine Erhöhung der Punktewerte der Standort-faktoren simuliert werden. Durch eine Investition in die Infrastruktur kann bspw. der Wert des Standortfaktors Verkehrsanbindung steigen.[249]

---

[244] Vgl. Stremme (2000) S. 253
[245] Vgl. Stremme (2000) S. 253
[246] Eigene Darstellung
[247] Vgl. Stremme (2000) S. 254
[248] Vgl. Stremme (2000) S. 254
[249] Vgl. Stremme (2000) S. 254

Der Vorteil der Nutzwertanalyse ist, dass sowohl qualitative wie auch quantitative Faktoren bewertet werden können und durch die strukturierte Vorgehensweise das Ergebnis nachvollziehbar ist. Zusätzlich vereinfacht der Einsatz von Tabellenkalkulationsprogrammen die Handhabung und Durchführung der Standort-Nutzwertanalyse enorm. Parameterveränderungen können leicht durchgeführt werden und sofort sichtbar gemacht werden.[250]

Nachteilig ist die Subjektivität dieses Verfahren, da an mehreren Stellen subjektive Urteile auftreten.[251]

Profilmethode

Bei der Profilmethode wird ein bestmögliches Profil mit dem Profil des möglichen Standorts verglichen. Es wird ein so genannter Ähnlichkeitsindex ermittelt. Dieser Index sagt aus, wie groß die Übereinstimmung zwischen dem Standort und dem Bestprofil ist. In der Standortliteratur wird in den meisten Fällen die Konzeption nach Uphoff erläutert. Daher erfolgt auch hier eine Erläuterung der Methode nach Uphoff.[252]

Auch diese Methode benötigt wie die Standort-Nutzwertanalyse mehrere Schritte. Zunächst werden die relevanten Standortfaktoren bestimmt.[253]

Im darauf folgenden Schritt werden die Gewichtung der Standortfaktoren und die Skalierung der Kriterien festgelegt. Uphoff verwendet für die Skalierung eine 7-Punkte-Skala mit einer abfallenden Reihenfolge. Der Wert 7 ist daher gleichzusetzen mit „ausgezeichnet" und der Wert 1 steht für „ungenügend". Zu beachten ist hier, dass der Wert 1, also „ungenügend" noch nicht zum Ausschluss des Kriteriums führt, sondern hier die schlechteste Ausprägung darstellt.[254]

Im nächsten Schritt werden die Kriterien im Hinblick auf die Zielsetzung bewertet. Das heißt, dass die verschiedenen Kriterien in einem Bewertungsprozess eine Merkmalsausprägung erhalten, wie sie in nachfolgender Tabelle dargestellt ist.[255]

Gewichtung und Beurteilung der Kriterien / Kriterium	ungenügend	mangelhaft	ausreichend	befriedigend	gut	sehr gut	ausgezeichnet
Kriterium K1	1	2	3	4	5	6	7
Kriterium K2	1	2	3	4	5	6	7
Kriterium K3	1	2	3	4	5	6	7
Kriterium K4	1	2	3	4	5	6	7
.							
Kriterium Kn	1	2	3	4	5	6	7

Tabelle3: Beispiel für Standortprofil nach Uphoff

[250] Vgl. Stremme (2000) S. 254 f.
[251] Vgl. Stremme (2000) S. 254
[252] Vgl. Hummels (1997) S. 249
[253] Vgl. Hummels (1997) S. 249
[254] Vgl. Hummels (1997) S. 249 f.
[255] Vgl. Hummels (1997) S. 250

Ein solcher Bewertungsprozess und Erstellung des Standortprofils findet dann für jede Standortalternative statt.[256]

Um die Anzahl der möglichen Standorte zu reduzieren kann auch hier im Vorfeld eine Eliminierung durch eine Betrachtung der Muss-Faktoren geschehen.[257]

Nachdem alle Standortprofile erstellt wurden, wird ein fiktives Bestprofil erstellt, das sich aus den jeweils am besten geeigneten Ausprägungen eines jeden Merkmals zusammensetzt.[258]

Im vorletzten Schritt werden nun die Standortalternativen in eine Rangfolge gebracht. Das Kriterium nachdem die Reihenfolge erstellt wird ist hierbei die Ähnlichkeit zwischen Bestprofil und Standortprofil. Die Ähnlichkeit wird dabei über einen Ähnlichkeitsindex ermittelt. Die Erfassung des Indexes erfolgt dabei durch eine Rechenvorschrift. Der Ähnlichkeitsindex A für eine Standortalternative j gegenüber einem fiktiven Bestprofil wird dabei durch folgende Formel ermittelt: [259]

$$A_j = \sqrt{\sum_{i=1}^{n} \left[g_i * (P_i - P_{ij}) \right]^2}$$

Formel1: Berechnungsformel für den Ähnlichkeitsfaktor

Für jedes Kriterium i wird die Differenz zwischen dem Profilwert des fiktiven Bestprofils P_i und dem Wert des Standortprofils P_{ij} ermittelt. Danach mit dem jeweiligen Gewicht des Kriteriums g_i multipliziert und dann quadriert. Errechnet man dann aus der Summe der Quadrate die Wurzel, so erhält man den Ähnlichkeitsindex A_j.[260]

Nachdem man dann für jede Alternative den Ähnlichkeitsindex ermittelt hat, lässt sich eine Reihenfolge bilden. Beginnend mit dem kleinsten Wert, der für das beste Ergebnis steht, ergibt sich so eine Rangfolge. Die Differenz zwischen den Indexen liefert des Weiteren ein Ausmaß der Vorzugswürdigkeit der Standortalternativen.[261]

Nachdem man die Reihenfolge ermittelt hat, kann nun auch die Wirksamkeit von Anpassungsmaßnahmen ermittelt werden. So können beispielsweise Investitionen in die Infrastruktur eines bestimmten Standortes untersucht werden. Durch eine Investition kann sich der Ähnlichkeitswert einer Standortalternative verbessern. Somit verändert sich ggf. auch die Rangfolge. Aus der Veränderung der Rangfolge kann dann ein Unternehmen Schlüsse ziehen, inwiefern sich eine Investition in einen Standort lohnt, oder auch nicht.[262]

Portfolio-Analyse

Hier geht es darum, das zwischen den Chancen und Risiken eines Landes ein Zusammenhang besteht. Anhand einer zwei-dimensionalen Matrix lassen sich die zu untersuchenden Länder einordnen. Neben den Chancen und Risiken sind auch andere Dimensi-

---

[256] Vgl. Hummels (1997) S. 250

[257] Vgl. Hummels (1997) S. 250

[258] Vgl. Hummels (1997) S. 250

[259] Vgl. Hummels (1997) S. 251

[260] Vgl. Hummels (1997) S. 251

[261] Vgl. Hummels (1997) S. 251

[262] Vgl. Hummels (1997) S. 251

onen denkbar. Beispiele hierfür sind Attraktivität des Marktes/politischer Stabilität oder Marktattraktivität/Marktbarrieren.[263]

Hinter der Dimension Attraktivität des Marktes verbergen sich Unterdimensionen, wie Marktgröße, Kaufkraft, Infrastruktur oder Stabilität die dann zu einem Wert zusammengefasst werden. Hinter dem Kriterium Kosten können sich Dinge wie Steuern, Löhne oder Umweltschutzauflagen befinden.[264] Die Beurteilung der Dimensionen erfolgt anhand von Expertenbefragungen.[265] Die einzelnen Kriterien werden dann für jedes zu untersuchende Land erfasst und in die Matrix eingetragen.[266] Die nachfolgende Abbildung zeigt den zweidimensionalen Aufbau eines Beispiels.

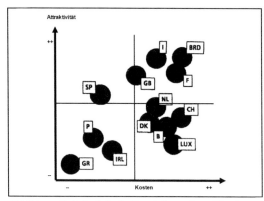

Abbildung12: beispielhafte Darstellung eines Standortportfolios

Je nach verfolgter Wettbewerbsstrategie können nun ungeeignete Länder mit hohen Kosten und niedriger Attraktivität (unterer, rechter Bereich) ausgeschlossen werden. Daher ist die Portfolio-Analyse eher ein Werkzeug der Alternativvorauswahl.[267]

Country-Rating

Country-Ratings werden von verschiedenen Instituten und Unternehmen kommerziell angeboten. In solchen Country-Ratings werden wirtschaftliches und politisches Risiko von möglichen Investitionsländern mit Punkten bewertet und dargestellt.[268]

Eines der bekanntesten Country-Ratings ist das von Haner entwickelte BERI-Index-Rating. (Business Environment Risk Intelligence). Dieser Index setzt sich aus folgenden Bestandteilen zusammen. [269]

- Operational Risk Index (ORI),
- Political Risk Index (PRI)
- Repatriation Risk Index (R-Factor)

---

[263] Vgl. Welge, Holtbrügge (2003) S. 97
[264] Vgl. Hummels (1997) S. 270
[265] Vgl. Welge, Holtbrügge (2003) S. 97
[266] Vgl. Hummels (1997) S. 270
[267] Vgl. Hummels (1997) S. 270 f.
[268] Vgl. Hummels (1997) S. 253
[269] Vgl. Hummels (1997) S. 253

Der Operational Risk Index dient zur Beurteilung des Geschäftsklimas. Über 100 Führungskräfte aus Wirtschaft, Politik und Wissenschaft mit einer langjährigen internationalen Erfahrung bilden eine Expertengruppe die diesen Index beurteilen. Jedes untersuchte
Land wird dabei von 10-15 Experten untersucht, analysiert und die 15 gewichteten Kriterien werden von ihnen bewertet.[270] Diese Kriterien mit ihrer Gewichtung findet man in
nachfolgender Abbildung.[271]

Kriterien	Gewichte
1. Politische Stabilität	3,0
2. Einstellung gegenüber ausl. Investoren und Gewinnen	1,5
3. Expropriation	1,5
4. Inflation	1,5
5. Zahlungsbilanz	1,5
6. Bürokratische Hemmnisse	1,0
7. Wirtschaftswachstum	2,5
8. Währungskonvertibilität	2,5
9. Durchsetzbarkeit von Verträgen	1,5
10. Lohnkosten/Produktivität	2,0
11. Verfügbarkeit örtlicher Fachleute und Lieferanten	0,5
12. Nachrichten/Transport	1,0
13. Ortsansässiges Management und Partner	1,0
14. Verfügbarkeit kurzfristiger Kredite	2,0
15. Verfügbarkeit langfristiger Kredite und Eigenkapital	2,0

max ⟶ 25 * 4 = 100 Punkte

Abbildung13: Kriterien des ORI-Indexes

Jedem Kriterium kann ein Wert zwischen 0 (nicht akzeptabel) und 4 (äußerst günstig)
zugesprochen werden. Für jedes Kriterium werden im darauf folgenden Schritt der Mittelwert der 10-15 Experten und die Standartabweichung berechnet. Der Mittelwert wird
anschließend mit seiner Gewichtung multipliziert und zu einem Gesamtwert addiert. Dieser Wert kann maximal einen Wert von 100 betragen und verkörpert die Risikoklasse des
jeweiligen Landes.[272]

---

[270] Vgl. Hummels (1997) S. 255
[271] Vgl. Berndt (2007) S. 169
[272] Vgl. Hummels (1997) S. 255

Der zweite Teil des Beri-Indexes ist der Political Risk Index. Dieser beschreibt soziale und politische Stabilität eines Landes. Die Expertengruppe setzt sich hier aus 55 vorwiegend Politologen und Soziologen zusammen. Jedes Land wird hier von 5-8 Experten beurteilt. Die 10 Kriterien setzen sich aus 8 Kriterien + 2 Kriterien zusammen.[273] Auch diese Kriterien sind in nachfolgender Abbildung aufgelistet.[274]

Kriterien

- **Interne Ursachen für politische Risiken**
    1. Fraktionalisierung des politischen Spektrums
    2. Fraktionalisierung durch Sprache, Religion etc.
    3. Unterdrückungsmaßnahmen zur Aufrechterhaltung der Macht
    4. Mentalität: Fremdenfeindlichkeit, Nationalismus etc.
    5. Soziale Lage, Bevölkerungsdichte und Wohlstandsverteilung
    6. Organisation und Stärke der radikalen Linken

- **Externe Ursachen für politische Risiken**
    7. Abhängigkeit von und/oder Bedeutung für eine(r) feindliche(n) Großmacht
    8. Negative Einflüsse von regionalen politischen Kräften

- **Symptome für politische Risiken**
    9. Soziale Konflikte: Streiks, Aufruhr etc.
    10. Merkmale für Instabilität, z.B. Putschversuche, politische Morde etc.

Abbildung14: Kriterien des PRI-Indexes

Die ersten 8 Kriterien stellen Ursachen für die Instabilität eines Landes dar. Die anderen 2 Kriterien die Symptome dieser Instabilität. Den Kriterien werden hier Werte zwischen 0 (außerordentliches Problem) und 7 (kein Problem) zugeordnet. Des Weiteren kann ein Experte den ersten 8 Kriterien zusätzlich 30 Gewichtungspunkte vergeben. Somit erhöht sich die maximale Gesamtpunktzahl, die ein Land erreichen kann auf 100 Punkte (10 Kriterien * 7 Punkte + 30 Gewichtungspunkte). Analog zum ORI werden nun Mittelwerte gebildet mit ihren Gewichtungen multipliziert und aufsummiert. Der resultierende Wert ist die jeweilige Risikoklasse des Landes.[275]

Der dritte Teil des BERI-Indexes ist der R-Faktor oder auch Rückzahlungsfaktor. Er beurteilt die zahlungs- und außenwirtschaftliche Leistungsfähigkeit eines Landes. Der Index hilft den investierenden Unternehmen bei der Einschätzung des Risikos beim Umtausch und Transfer der Erträge, die aus dem angelegten Kapital im Investitionsland stammen. Ähnlich wie bei den zwei vorherigen Bestandteilen werden auch hier die gewichteten Kriterien bewertet und zu einem Gesamtpunktwert zusammengefasst.[276] Diese Kriterien und eine Berechnungsvorschrift sind in der nachfolgenden Abbildung dargestellt.[277]

---

[273] Vgl. Hummels (1997) S. 255 f.
[274] Vgl. Berndt (2007) S. 171
[275] Vgl. Hummels (1997) S. 255 f.
[276] Vgl. Hummels (1997) S. 256
[277] Vgl. Berndt (2007) S. 172

Kriterien	Merkmals-ausprägung (a_i)	Gewich-tung (g_i)	Oberkriterien	
			Merkmals-ausprägung (a_i)	Gewich-tung (g_i)
A1. Formelle Vorschriften für Transfer von Erträgen u. Dividenden	0 - 5	4		
A2. Formelle Vorschriften für Lizenz-gebühren, Royalties usw.	0 - 5	3		
A3. Formelle Vorschriften für Rück-führung von Kapital	0 - 5	3		
A4. Praktische Durchführung für Dividenden und Royalties	0 - 5	4		
A5. Praktische Durchführung für Kapitaltransfer	0 - 5	3		
A6. Termingeschäfte	0 - 5	3		
A. Behördliche Vorschriften	max Σ a_i * g_i = 100		0 - 100	0.2
B1. Leistungsbilanz	0 - 50			
B2. Kapitalbilanz	0 - 30			
B3. Kapitalzuflüsse als Folge hoher Zinsen	0 - 10			
B4. Kapitalanziehende Fluchtwährung	0 - 10			
B. Deviseneinnahmen	max Σ a_i = 100		0 - 100	0.3
C1. $\frac{\text{Devisenreserven}}{\text{monatliche Importe (Waren und Diensteistungen)}}$	0 - 50			
C2. $\frac{\text{Devisenreserven + Goldreserven}}{\text{Staatsschulden im Ausland}}$	0 - 50			
C. Währungsreserven	max Σ a_i = 100		0 - 100	0.3
D1. $\frac{\text{Brutto-Inlandsprodukt}}{\text{Auslandsverschuldung}}$	0 - 40			
D2. $\frac{\text{Schuldendienst}}{\text{Deviseneinnahmen}}$	0 - 40			
D3. $\frac{\text{Schuldendienst + Ölimporte}}{\text{Deviseneinnahmen}}$	0 - 20			
D. Auslandsverschuldung	max Σ a_i = 100		0 - 100	0.2
Rückzahlungs- bzw. R-Faktor			max Σ a_i * g_i = 100	

Abbildung 15: Scoring-Tabelle zur Ermittlung des R-Factors

Ein Unterschied besteht hier bei den Oberkriterien „Deviseneinnahmen", „Währungsre-serven" und „Auslandsverschuldung" sowie deren Subkriterien. Diese Kriterien erhalten ihre Punktwerte nicht aufgrund von Experteneinschätzungen, sondern anhand von statistischen Daten.[278]

Alle drei Teilindizes werden dann durch Addition und arithmetischer Mittelwertbildung zu einem Gesamtwert, dem Profit Opportunity Recommendation (POR) zusammengefasst. Hierbei lässt sich erneut ein maximaler Wert von 100 erreichen. Aus der erreichten Punktzahl eines Landes lässt sich dann eine Handlungsempfehlung aussprechen. So bedeutet:[279]

(1) 35 Punkte und weniger: Land ist nicht für wirtschaftliche Aktivitäten und geschäftliche Transaktionen geeignet.

(2) 35 bis 44 Punkte: Land ist für einzelne, kurzfristige Handelsunternehmungen ohne Kapital und Managementtransfer geeignet.

(3) 45 bis 55 Punkte: Land ist für langfristige Aktivitäten mit geringem Eigenkapitaleinsatz geeignet.

(4) 55 bis 100 Punkte: Land ist mehr oder weniger unabhängig für jede Direktinvestition geeignet.

Die nachfolgende Tabelle zeigt die Risikobewertung ausgesuchter Länder aus dem Jahr 2003.[280]

	ORI	PRI	R-Factor	Combined
China	50	56	69	58
Deutschland	68	63	80	70
Mexiko	41	40	41	41
Polen	47	45	42	45
Rußland	38	42	50	43
USA	69	64	65	66

Tabelle4: BERI-Risikobewertung ausgewählter Länder

Im Rahmen eines Standortentscheidungsprozesses werden Country-Ratings vor allem bei Vor- und Grobauswahl herangezogen. Durch die Festlegung einer Mindestpunktzahl, können so schnell und ohne großen finanziellen Aufwand Länder eliminiert werden. Dies ist vor allem für Unternehmen vorteilhaft, welche durch fehlendes Know-how oder finanziellen Aspekten nicht in der Lage sind, bei der Grobauswahl ausführliche Ländervergleiche oder Risikoanalysen durchzuführen.[281]

Country-Ratings weisen aber auch erhebliche Schwächen auf. So erfolgt beispielsweise die Auswahl, Anzahl und Gewichtung der Kriterien durch die subjektive Vorstellung des Modellbauers und nicht auf der Seite des Investors. Des Weiteren liegen so gut wie keine Angaben vor, nach welchem Prozess die Kriterien ausgewählt wurden. Sie werden von den Instituten aufgrund deren Erfahrung zusammengestellt. Hinsichtlich der Qualität der Experten muss sich der Nutzer auf den Anbieter des Indexes verlassen, zumal es

---

[278] Vgl. Hummels (1997) S. 256
[279] Vgl. Berndt (2007) S. 173
[280] Vgl. Beck (2005) S. 103
[281] Vgl. Hummels (1997) S. 256 f.

auch hier kaum Daten über die Auswahl der Experten gibt. Außerdem sind die meisten Country-Ratings sehr generell und besitzen keine unternehmens- und branchenbezogenen Züge.[282] Kritik lässt sich ebenfalls an der Methodik äußern. So besteht zwischen vielen Kriterien eine Korrelation. Somit ist das Kriterium der Unabhängigkeit der einzelnen Kriterien nicht gegeben. Da es sich meist bei der Bewertung um Rangordnungswerte und nicht um metrische Variable handelt ist auch das Bilden eines Mittelwerts statistisch nicht zulässig. Man könnte lediglich den Median berechnen. Dann könnte man die gewonnen Ergebnisse aber nicht mehr interpretieren.[283]

Eine umfangreiche Übersicht an verschiedenen Country Ratings mit Beschreibung liefert Pott in seinem Buch *Direktinvestitionen im Ausland*.[284]

---

[282] Vgl. Hummels (1997) S. 257
[283] Vgl. Hummels (1997) S. 257
[284] Vgl. Pott (1983) S. 135 - 202

5 Standorte für Auslandsverlagerungen

Bei der Frage wohin die meisten Unternehmen ins Ausland verlagern kommt man in unterschiedlichsten Studien stets zu einem identischen Ergebnis. Vor allem die so genannten Niedriglohnländer in Osteuropa, sowie China sind die Hauptziele für die Verlagerung vieler deutscher Unternehmen geworden.[285]

Eine Umfrage des Statistischen Bundesamtes, bei dem über 20000 Unternehmen aus fast allen Bereichen der Wirtschaft befragt wurden, kam zu nachfolgendem Ergebnis:[286]

Abbildung16: Zielregionen Verlagerungen zwischen 2001 und 2006

Die Attraktivität von Regionen und Länder als Verlagerungsziel weist deutliche Unterschiede auf und hängt auch sehr von der Branche in dem das Unternehmen tätig ist ab. Vor allem die neuen EU-Mitgliedstaaten (Staaten die nach dem 1. Mai 2004 der EU beitraten) waren in den vergangenen Jahren ein beliebtes Ziel für Auslandsverlagerungen. 60 % aller verlagernden Unternehmen verlagerten Prozesse in die neuen EU-Staaten, wobei Industrieunternehmen mit 62 % den größten Anteil ausmachten. Der Handel und der Dienstleistungsbereich wählten nur zu 50 % ein neues EU-Land als neuen Standort.[287]

Ein anderes Bild zeigen die EU-15-Staaten. Nur 30 % der verlagernden Unternehmen wählten einen Standort in den alten EU-Staaten. Außerdem war hier die Industrie mit lediglich 26 % ihrer verlagernden Unternehmen unterdurchschnittlich beteiligt. Der Handel betrieb dort 43 % seiner Verlagerungsaktivitäten und die Unternehmen in den Dienstleistungsbereichen 38 %.[288]

Außerhalb Europas ist China das attraktivste Ziel. Für das Land entschieden sich 36 % aller verlagernden Unternehmen. Die Industrie ist hier mit 38 % vertreten, der Handel sowie in den Dienstleistungsbereichen fielen etwa jede dritte Verlagerungsentscheidung zu Gunsten Chinas aus.[289]

---

[285] Vgl. Peters, Reinhardt, Seidel (2006) S. 66

[286] Vgl. Kinkel, Lay (2004) S. 6

[287] Vgl. Höh (2008) S. 1

[288] Vgl. Höh (2008) S. 1

[289] Vgl. Höh (2008) S.1

5.1 Vergleich wichtiger Offshoring-Regionen

Die Anforderungen an ein potenzielles Zielland variieren in der Regel von Unternehmen zu Unternehmen. Ziel ist es, eine möglichst gute Kombination aus Standort und Leistungsumfang zu erzielen. Daher ist es wichtig die potenziellen Länder im Vorfeld auf verschiedene Kriterien zu untersuchen.[290]

Die Abbildung zeigt einen von Farrell Et Al. entwickelten Vergleich zwischen den wichtigsten Offshoring-Ländern aus Sicht deutscher Unternehmen.[291]

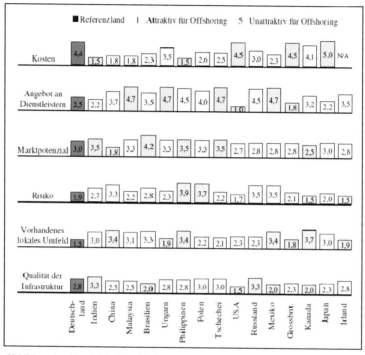

Abbildung17: Vergleich der wichtigsten Offshoring-Länder

Mögliche Standorte werden in diesem Beispiel anhand von sechs Kriterien bewertet. Die Bewertung erfolgt hier mit den Werten 1 bis 5. Mit dem Wert 1 kann eine sehr gute Bewertung assoziiert werden. Der Wert 5 zeigt eine schwache Eignung. Im Folgenden werden die Kriterien kurz erläutert:[292]

- **Kosten:** Vergleich der Summe der Lohnkosten, Infrastrukturkosten und der auftretenden Steuerbelastungen der verschiedenen Länder.

- **Angebot an Dienstleistern:** Verglichen werden hier Größe des Marktes an unterstützenden Dienstleistungen, Anzahl der lokalen Drittanbieter und Anteil an exportierenden Dienstleistungen.

---

[290] Vgl. Hutzschenreuter, Dresel, Ressler (2007) S. 17
[291] Vgl. Hutzschenreuter, Dresel, Ressler (2007) S. 18
[292] Vgl. Hutzschenreuter, Dresel, Ressler (2007) S. 18 f.

- **Marktpotenzial:** Analyse des Bruttoinlandprodukts, dessen Wachstumsrate und der Zugang zum potenziellen Markt.

- **Risiko:** Betrachtet werden hier Sicherheit, Investitionsrisiken, Betriebsstörungen und Datenschutz.

- **Vorhandenes lokales Umfeld:** Hier fließen die Werte der politische Situation, Lebensbedingungen, Kulturunterschiede und Zeitdifferenzen ein.

- **Qualität der Infrastruktur:** Hier werden Telekommunikationsinfrastruktur, vorhandene Immobilien und lokale Transportmittel miteinander verglichen.

Da die Wichtigkeit der Kriterien sich bei den Unternehmen unterscheidet, ist es offensichtlich, dass Unternehmen auch unterschiedliche Länder bevorzugen.[293]

5.2 Die wichtigsten Offshoring-Regionen

In den nachfolgenden Abschnitten werden verschieden alternative Zielregionen für Auslandsverlagerungen erläutert. Besonderes Augenmerk wird auf die Zielregion Mittel- und Osteuropa gerichtet, da diese Region, wie in der oben erläuterten Studie gesehen, dass wichtigste Zielland für deutsche Auslandsaktivitäten darstellt.

5.2.1 Mittel- und Osteuropa

Mittel- und Osteuropa ist einer, wenn nicht sogar der Wachstumsmarkt Nr. 1 für die deutsche Wirtschaft.[294]

Die Regionen Mittel- und Osteuropa (MOE) erlebten in den frühen 90er Jahren einen wirtschaftlichen und politischen Strukturwandel in welchem sich diese Volkswirtschaften nach jahrzehntelanger Abschottung in die Weltwirtschaft reintegrierten.[295] Vor allem die Aufnahme in die europäische Union im Jahre 2004 führte zu einem rasanten Wachstum von Handel und ausländischen Direktinvestitionen bei den betroffenen Staaten. Die Aufnahme dieser Länder führte zu einem Wegfall der Handels- und Investitionsbarrieren zu Deutschland, Westeuropa aber auch untereinander.[296]

Die nachfolgende Abbildung zeigt den weltweiten Handel und die Direktinvestitionen in Mrd. Euro von 1993 bis 2004 in den neuen EU-Mitgliedsstaaten.[297]

---

[293] Vgl. Hutzschenreuter, Dresel, Ressler (2007) S. 20

[294] Vgl. Wölfer (2009) S. 5

[295] Vgl. Kaufmann, Panhans (2006) S. 5

[296] Vgl. Kaufmann, Panhans (2006) S. 33

[297] Vgl. Kaufmann, Panhans (2006) S. 33

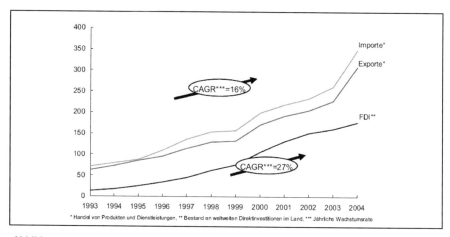

Abbildung18: Investitionen und Handel mit den zehn neuen EU-Staaten in Milliarden Euro

Wie man nur unschwer erkennen kann, stiegen der Handel im Durchschnitt um jährlich 16 % und die ausländischen Direktinvestitionen im Durchschnitt um jährlich 27 % kontinuierlich und beachtlich über die Jahre hinweg.

In nachfolgender Abbildung werden nun der weltweite Handel und weltweite Direktinvestitionen auf Deutschland reduziert und auf die einzelnen mittel- und osteuropäischen Länder aufgespaltet. [298]

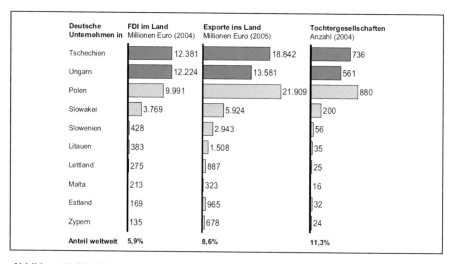

Abbildung19: Aktivitäten deutscher Unternehmen in den 10 neuen EU-Staaten

Wie in der Abbildung zu erkennen ist, sind Tschechien und Ungarn die zwei Länder mit dem größten Anteil an deutschen Direktinvestitionen in MOE. Diese Entwicklung hat verschiedene Hintergründe. So sind gerade historisch gewachsenen Beziehungen zur Zeit

---

[298] Vgl. Kaufmann, Panhans (2006) S. 36

des Zweiten Weltkriegs ausschlaggebend. Aber auch die zügige Liberalisierung und die Nähe zum wirtschaftlich starken Süden Deutschlands spielen eine wichtige Rolle.[299]

Für die Zukunft sind vor allem Polen, die Slowakei und Slowenien beachtenswerte Länder, da sie ähnliche Markt- und Standortbedingungen aufweisen.[300] MOE hat sich inzwischen zu einer attraktiven Zielregion für ausländische Investoren entwickelt. Die deutsche Wirtschaft erkannte bereits frühzeitig das Potenzial und nutzte die Chancen einer internationalisierenden Wirtschaft. Stand anfangs vor allem die Möglichkeit durch geringe Personalkosten die Produktionskosten zu drücken im Interesse der Firmen, so änderte sich die Zielsetzung in den vergangenen Jahren. Heute ist die MOE ein attraktiver Absatzmarkt für deutsche Güter.[301]

Die Größe des Absatzmarktes und das Marktwachstum für die zehn neuen EU-Staaten sind in nachfolgender Abbildung für das Jahr 2005 dargestellt.[302]

Abbildung20: Marktgröße und Marktwachstum der 10 neuen EU-Mitgliedsstaaten

Alle zehn EU-Staaten weisen verglichen mit Deutschland ein höheres Marktwachstum auf. Jedoch ist deren Marktgröße natürlich deutlich kleiner.[303]

Wie bereits erwähnt sprechen auch die geringen Lohnkosten für den Standort Mittel- und Osteuropa. So liegen die Lohnkosten bei gerade einmal 20 % des deutschen Niveaus. Selbst bei größerem Lohnanstieg als in Deutschland werden die Lohnkosten noch für einen langen Zeitraum deutlich über dem der MOE-Staaten liegen.

Auch die niedrigen Baukosten, die Verfügbarkeit von Ingenieuren und die niedrigen Steuersätze sind anzumerken. Die nachfolgende Abbildung zeigt daher die gerade genannten Punkte und vergleicht diese untereinander und mit Deutschland.[304]

---

[299] Vgl. Kaufmann, Panhans (2006) S. 35 f.

[300] Vgl. Kaufmann, Panhans (2006) S. 35 f.

[301] Vgl. Kaufmann, Panhans (2006) S. 5

[302] Vgl. Kaufmann, Panhans (2006) S. 38

[303] Vgl. Kaufmann, Panhans (2006) S. 38 f.

[304] Vgl. Kaufmann, Panhans (2006) S. 39

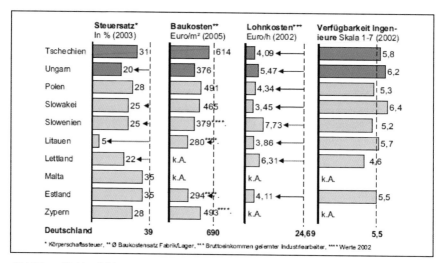

Abbildung21: Vergleich wichtiger Punkte der zehn neuen EU-Staaten

Die lokale Nähe ist ein Punkt, der für einen Standort in MOE spricht. So können beispielsweise notwendige Besprechungen, ohne die Beachtung von Zeitverschiebungen kurzfristig durchgeführt werden und benötigen keine langfristige Planung.[305]

Des Weiteren spielen die nicht vorhandenen sprachlichen und kulturellen Unterschiede eine wichtige Rolle.[306] Der Anteil an Schülern, die an ihren Schulen Deutsch lernen liegt in den meisten osteuropäischen Ländern bei über 40 %. Zudem lernen über 70 % aller Schüler Englisch.[307]

Jedoch stellen verschiedene Aspekte deutsche Investoren in Mittel- und Osteuropa vor besondere Schwierigkeiten. So sind Infrastrukturmängel, Plagiate und Korruption Probleme mit denen man in MOE zu kämpfen hat. Trotz anhaltender Verbesserung in vielen dieser Bereiche, wird es noch lange dauern, bis man zufrieden stellende Zustände erreicht hat.[308]

In einer Umfrage der deutschen Auslandshandelskammer bei der man Unternehmen befragte, ob sie wieder in das ausgewählte Land in Mittel- und Osteuropa investieren würden, kam man zu nachfolgendem Ergebnis.[309]

---

[305] Vgl. Hutzschenreuter, Dresel, Ressler (2007) S. 16
[306] Vgl. Hutzschenreuter, Dresel, Ressler (2007) S. 16
[307] Vgl. Steimle (2007) S. 75
[308] Vgl. Kaufmann, Panhans (2006) S. 40
[309] Vgl. Wölfer (2009) S. 18

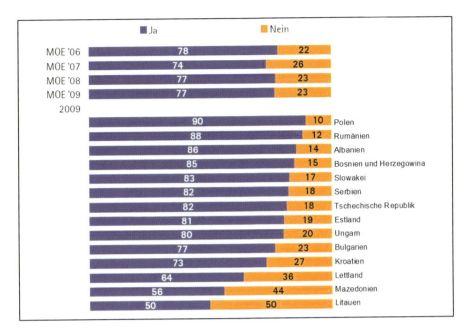

Abbildung22: prozentualer Anteil zufriedener Firmen in MOE

Wie man in der Abbildung sehen kann, sind viele Unternehmen mit ihren Verlagerungen nach Mittel- und Osteuropa sehr zufrieden.

5.2.2 China

Eine rasant wachsende Nachfrage und sehr günstige Produktionsbedingungen machen China zu einem hochinteressanten Verlagerungsland.[310]

Auch die Anstrengungen Chinas, geistiges Eigentum besser zu schützen und administrative Vorgänge zu vereinfachen machen China für deutsche FuE-Projekte interessant. Des Weiteren ist China aufgrund seiner zentralen Lage und guten Infrastruktur eine Drehscheibe vieler deutscher Unternehmen die auf dem süd- bzw. ostasiatischen Markt agieren wollen.[311]

Außerdem sprechen die wachsende Mittelschicht in China, die damit verbundene Kaufkraft und der schier unendlich große Markt für eine Verlagerung nach China.[312]

Vor allem Großunternehmen bauen ihre Präsenz in China aus, um auch in Zukunft auf diesem Markt global erfolgreich zu sein und den Anschluss nicht zu verlieren. Da viele Großunternehmen nach China drängen, ziehen auch immer mehr Zulieferer hinterher.[313]

Auch die Infrastruktur hat sich erheblich verbessert. Vor allem die Metropolen Peking und Shanghai, die sich in Küstennähe befinden sind infrastrukturell sehr gut ausgerüstet.[314]

---

[310] Vgl. o. V. (2008c) S. 9

[311] Vgl. o. V. (2008c) S. 9

[312] Vgl. o. V. (2008c) S. 9

[313] Vgl. o. V. (2008c) S. 9

[314] Vgl. Dressler (2007) S. 174

Aufgrund der Zeitverschiebung können Arbeiten in Zusammenarbeit mit dem Deutschen Standort rund um die Uhr erledigt werden.[315]

Durch die große Bevölkerungszahl von mehreren Milliarden Menschen haben die Unternehmen darüber hinaus einen unerschöpflichen Pool an qualifizierten Arbeitskräften.[316]

Als Nachteil sehen deutsche Unternehmen vor allem die mangelnde Transparenz vor Ort und Unsicherheiten in der Rechtslage. Ein Beispiel hier ist, dass bei fehlerhaften Lieferungen es keinen Ersatz vom Hersteller gibt und der entstandene Schaden vor einem chinesischen Gericht auch nicht eingeklagt werden kann.[317]

Auch spielen Beziehungen eine wichtige Rolle in China. Gerade bei der Vergabe von Lizenzen und Genehmigungen oder bei der Erteilung von Aufträgen ist dies von großer Bedeutung. Diese Beziehungspflege erfordert viel Zeit und Geld.[318]

Des Weiteren führen, trotz Eintritt in die WTO (World Trade Organization), immer noch zahlreiche Markteintrittsbarrieren zu erheblichen Kosten.[319]

Auch die fehlenden Englischkenntnisse, geringe Selbstständigkeit der Arbeiter und fehlendes Wissen zu westlichen Gepflogenheiten erschweren die Zusammenarbeit.[320]

Derzeit kann niemand vorhersagen, wie sich China entwickeln wird. Den großen Chancen stehen erhebliche Risiken gegenüber. Derzeit führt aber gerade für große Unternehmen kein Weg an China vorbei. Dennoch muss man sich im Klaren sein, dass die positive Entwicklung Chinas als möglicher Standort ein abruptes Ende finden kann. Das Risiko in China nicht dabei zu sein und diese Chance zu verpassen ist für viele Unternehmen derzeit aber höher als das Risiko von Fehlinvestition.[321]

Da eine ausführliche Beschreibung des Standorts China im Rahmen dieser Arbeit hier nicht möglich ist, wird auf das Buch von Michaal Nippa mit dem Titel *Markterfolg in China – Erfahrungsberichte und Rahmenbedingungen* hingewiesen.

5.2.3 Westeuropa

Westeuropa ist heute für die deutsche Industrie ein wichtiger grenzüberschreitender Investitionsraum. Gründe sind die positiven Konjunkturdaten, die Vorteile des weitgehend einheitlichen Währungsraumes, die hohe Produktivität der einzelnen Volkswirtschaften sowie die sicheren rechtlichen Rahmenbedingungen des Binnenmarktes. Die Auslandsinvestitionen gehen damit schwerpunktmäßig in die wichtigsten Exportmärkte der deutschen Industrie. Der Ausbau von Kundendienst und Vertrieb, wie auch die Präsenz auf diesen kaufkräftigen Märkten ist für viele Unternehmen von großer Bedeutung.[322]

Aber auch das Kostenmotiv ist für viele Unternehmen wichtig. Vor allem für kleine und mittelgroße Unternehmen sind die Märkte und Produktionsstandorte in den EU-15-Ländern von überdurchschnittlich hohem Interesse, da sie weniger Risiko und geringeren finanziellen Aufwand bedeuten, dennoch aber die oben genannten Vorteile beinhalten.[323]

Dennoch zeigt die Entwicklung, dass lohn- und arbeitsintensive Tätigkeiten, wie bspw. der Teilefertigung, in Westeuropa keine Zukunft mehr haben. Auch Endmontagen werden

---

[315] Vgl. Hutzschenreuter, Dresel, Ressler (2007) S. 17
[316] Vgl. Hutzschenreuter, Dresel, Ressler (2007) S. 17
[317] Vgl. Merten (2004) S. 226
[318] Vgl. Merten (2004) S. 226
[319] Vgl. Merten (2004) S. 226
[320] Vgl. Dressler (2007) S. 175
[321] Vgl. Merten (2004) S. 231
[322] Vgl. o. V. (2008c) S. 7 f.
[323] Vgl. o. V. (2008c) S. 7 f.

mehr und mehr nach Osteuropa und China verlagert. Je nach Entwicklung der Transport-kosten und der Logistik, wird es daher wohl zu einer Verlagerung von Produktionspro-zessen außerhalb Westeuropas kommen und so zu einem sinken von Direktinvestitionen nach Westeuropa.[324]

5.2.4 Indien

Eine jahrzehntelange Spezialisierung auf den IT-Sektor hat sich für das Land heute be-zahlt gemacht.[325] In diesem Bereich ist die Attraktivität Indiens als Offshoring-Land enorm. Die Schwerpunkte der indischen Angebotspalette liegen hier in der Applikations-entwicklung, der Übernahme eines gesamten IT-Unternehmens oder vereinzelter unter-stützender Geschäftsprozesse und bei Call-Center-Diensten.[326] Die Qualität in diesen Bereichen ist heute weltspitze.[327]

Die Nachfrage an indischen Ingenieuren ist immer noch ungebrochen. So nimmt bspw. die Anzahl an Beschäftigten im IT-Sektor jährlich um 16 % bis 20 % zu. Derzeit sind dort 700 000 Mitarbeiter im IT-Bereich beschäftigt. Dies ist etwa doppelt so viel wie in Deutschland. Diese sind vor allem in den Technologiezentren Bombay, Hyderabad, Delhi und Bangalore angesiedelt.[328]

Auch die geringe Zeitverschiebung von drei bis vier Stunden stellt kein Problem dar, da Inder sehr anpassungsfähig sind und sich auf die Wünsche ihrer Auftraggeber einstellen. Die Zeitverschiebung wird daher eher als Vorteil gesehen, da die Arbeit dort früher be-ginnt und genügend Überschneidungzeit vorhanden ist.[329]

Zu beanstanden ist aber, dass nur 10 % bis 20 % der Absolventen das Qualitätsniveau der Unternehmen erfüllen. Auch das gesprochene Englisch ist bei Indern oft nur sehr schwer zu verstehen. Das schlechte Qualitätsniveau und die große Nachfrage an indi-schen Fachleuten führen auch in Indien zu einem Engpass. Jährliche Wachstumsraten zwischen 10 % und 15 % bei den Löhnen sind das Ergebnis.[330]

Die großen Probleme Indiens sind immer noch die Korruption, Armut und eine unter-entwickelte Infrastruktur. Tägliche Stromausfälle und rationiertes Wasser zeigen, dass das Land mit einer Milliarde Einwohnern dennoch ein Zwerg geblieben ist. Mit seinem Pro-Kopf Einkommen zählt das Land zu den ärmsten Staaten der Erde. Diese Probleme machen das Land für viele Investoren noch immer unattraktiv.[331]

Trotz dieser Probleme scheint das Land auf dem richtigen Weg zu sein. Im Jahr 2004 hat der Staat durch eine Privatisierungswelle Aktienpakete an die Börse gebracht. Mit diesem Erlös werden nun die Infrastruktur und Kraftwerke errichtet.[332] Eine sehr ausführliche Darstellung des Standorts Indien bietet hier das Buch von Jo-hannes Wamser mit dem Titel *Standort Indien – Der Subkontinentalstaat als Markt und Investitionsziel ausländischer Unternehmen.*

---

[324] Vgl. Becker (2007) S. 221

[325] Vgl. Dressler (2007) S. 173

[326] Vgl. o. V. (2004) S. 3

[327] Vgl. Dressler (2007) S. 173

[328] Vgl. Steimle (2007) S. 74 f.

[329] Vgl. Steimle (2007) S. 75

[330] Vgl. Steimle (2007) S. 74 f.

[331] Vgl. Merten (2004) S. 236

[332] Vgl. Merten (2004) S. 237

5.2.5 Nordamerika

Trotz der Finanzmarktkrise und der damit verbundenen schwächelnden US-Konjunktur bleibt das Interesse an Investitionen in Nordamerika dennoch vorhanden. Ein Grund hierfür ist die derzeitige Wechselkursentwicklung zwischen Dollar und Euro. Auf der einen Seite werden Investitionen für Investoren aus dem Euro-Währungsgebiet günstiger, zum anderen wird es für Unternehmen die im nordamerikanischen Wirtschaftsraum tätig sind immer wichtiger sich mit Niederlassungen vor Ort gegen zukünftige Wechselkursrisiken abzusichern. Darüber hinaus sind die traditionellen Investitionsgründe

- geringe Bürokratiekosten,
- enorme Konsumpotenzial des größten Absatzmarktes der Welt,
- und der große Fachkräftepool

weiterhin gültig.[333]

Gerade die Kaufkraft der 300 Mio. US-Bürger, ein BSP von 10.000 Mrd. US-Dollar und ein Wirtschaftswachstum das im Durchschnitt größer als das in Deutschland ist spielen hier eine wichtige Rolle.

Durch die Gründung der NAFTA (North American Free Trade Association) haben sich damit die Vorteile der USA auch auf Kanada und Mexiko übertragen, da durch dieses Abkommen ein Handel ohne Handelshemmnisse in diesen drei Ländern vollzogen werden kann. Somit erweitert sich der Markt auf 430 Mio. Einwohner. Da vor allem Kanada kulturell zu Europa sehr nahe ist und auch sehr kaufkräftig ist, wählen deutsche Firmen auch gerne Kanada als Ausgangspunkt für die Erschließung Nordamerikas.[334]

Ähnlich wie in China sind es gerade Großunternehmen, die in Nordamerika investieren.[335]

---

[333] Vgl. o. V. (2008c) S. 10

[334] Vgl. Wiesner (2005) S. 53

[335] Vgl. o. V. (2008c) S. 10

6 Offshoring-Verhalten deutscher Unternehmen

Derzeit erleben wir eine Vielzahl von Offshoring-Bewegungen. Das folgende Kapitel beschäftigt sich daher mit dem aktuellen Offshoring-Verhalten der deutschen Unternehmen und dessen Veränderung über die Jahre hinweg. Die nachfolgenden Erkenntnisse stammen zum Großteil aus einer empirischen Studie aus dem Jahr 2005 bei der 119 deutsche Unternehmen befragt wurden.[336]

Nachfolgende Abbildung zeigt die Offshoring-Aktivitäten verschiedener Unternehmen.[337]

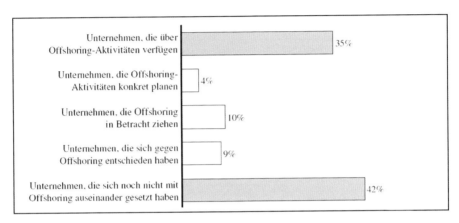

Abbildung23: Unternehmen und deren bisherige Offshoring-Aktivitäten

Trotz eines anhaltenden Offshoring-Booms, zeigt die Untersuchung, dass sich gerade einmal 35 % der teilnehmenden Unternehmen bereits Offshoring-Aktivitäten durchgeführt haben. Darüber hinaus befanden sich 4 % in einer Planungsphase. Weitere 10 % der Unternehmen ziehen eine Auslandsverlagerung in betracht, haben aber bisher noch keine endgültige Entscheidung getroffen. Des Weiteren haben sich 9 % der Unternehmen gegen eine Offshoring-Entscheidung ausgesprochen. Würde jedoch ein zunehmender Kostendruck entstehen, würden diese Unternehmen über eine Verlagerung ins Ausland nochmals nachdenken und gegebenenfalls ihre Entscheidung revidieren. Somit haben sich 58 % aller befragten Unternehmen sich schon einmal mit Offshoring auseinander gesetzt. Auffallend ist noch der recht hohe Anteil an Unternehmen, welche sich noch nicht mit dem Thema Offshoring auseinander gesetzt haben. Dies liegt vor allem daran, dass diese Unternehmen mit ihrer aktuellen Leistungserbringung zufrieden sind.[338]

6.1 Größe der verlagernden Unternehmen

Untersucht man das Verlagerungsverhalten in Abhängigkeit mit der Größe des Unternehmens, so stellt man fest, dass die Anzahl der Mitarbeiter eine wichtige Rolle spielt. Bei Unternehmen mit mehr als 20000 Mitarbeitern (Größenklasse III) verfügen über 60% der Unternehmen über Offshoring-Aktivitäten. Diese Unternehmen sind meist global agie-

---

[336] Vgl. Hutzschenreuter, Dresel, Ressler (2007) S. 5 und S. 37
[337] Vgl. Hutzschenreuter, Dresel, Ressler (2007) S. 37
[338] Vgl. Hutzschenreuter, Dresel, Ressler (2007) S. 37 f.

rend und sind so einem enormen Wettbewerbsdruck ausgesetzt. Dies macht ein Auseinandersetzen mit dem Thema Offshoring notwenig. Dagegen besitzen nur 24 % der Unternehmen der Größenklasse II (1000 bis 20000 Mitarbeiter) und 27 % der Größenklasse I (weniger als 1000 Mitarbeiter) bereits erfolgte Offshoring-Aktivitäten.[339]

Die folgende Abbildung zeigt die oben genannte Thematik nochmals grafisch.[340] Darüber hinaus enthält sie weiterführende Informationen. So ist in der Grafik ebenfalls dargestellt, wie viele Unternehmen prozentual eine Offshoring-Aktivität planen, in Betracht ziehen, sich dagegen entschieden haben oder sich noch nicht mit der Thematik befasst haben.[341]

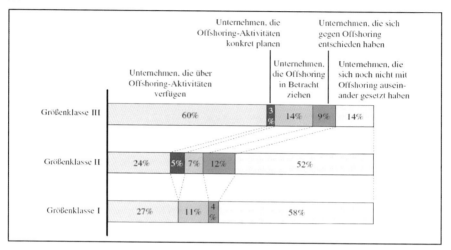

Abbildung24: Offshoring-Aktivität abhängig von der Größenklasse

Interessant ist auch, dass Großunternehmen und größere Mittelständler nach wie vor China als wichtigstes Investitionsziel nennen, dagegen setzen kleinere Mittelständler sowie Kleinbetriebe vor allem auf Ländern der europäischen Union. Dies liegt vor allem daran, dass das Risiko und der finanzielle Aufwand bei Investitionen ins nahe Ausland geringer sind als bei Investitionen in Standorte in China.[342]

Bei der zeitlichen Entwicklung der Verlagerungen in Abhängigkeit von der Unternehmensgröße ist zu erkennen, dass bis in das Jahr 2001 ausschließlich Unternehmen der Größenklassen I und II (mehr als 1000 Mitarbeiter) Auslandsverlagerungen durchgeführt haben. Betrachtet man aber nur die letzten Jahre, kann man feststellen, dass beim Vergleich der prozentualen Anteile aller durchgeführten Verlagerungen die Unternehmen mit weniger als 1000 Mitarbeiter heute einen großen Anteil ausmachen. Diese Erkenntnis ist in folgender Abbildung nochmals anschaulich dargestellt.[343]

---

[339] Vgl. Hutzschenreuter, Dresel, Ressler (2007) S. 38

[340] Vgl. Hutzschenreuter, Dresel, Ressler (2007) S. 39

[341] Vgl. Hutzschenreuter, Dresel, Ressler (2007) S. 39

[342] Vgl. o. V. (2008c) S. 11

[343] Vgl. Hutzschenreuter, Dresel, Ressler (2007) S. 44

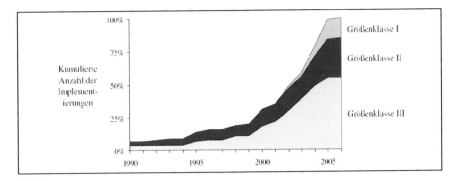

Abbildung25: zeitliche Entwicklung der prozentualen Anteile an Auslandsverlagerungen bei unterschiedlichen Größenklassen

Der Anstieg von Verlagerungen von kleinen Unternehmen ist ein Zeichen dafür, dass durch die Verbesserung der Rahmenbedingungen in den letzten Jahren neue Möglichkeiten für kleinere Unternehmen entstanden sind. Verbesserte Rahmenbedingung sind hier z.B. die Entwicklung der IT, Standardisierung oder auch Zentralisierung in vielen Unternehmen. Auch der steigende Wettbewerbsdruck bei Kleinunternehmen führte zum Anstieg der Auslandsverlagerungen.[344]

Die Zeiten in denen Offshoring nur ein Thema für Großunternehmen war sind daher eindeutig vorbei. Auch Kleinunternehmen sollten sich heutzutage darüber im Klaren sein, dass Offshoring eine valide strategische Handlungsalternative darstellt.[345]

6.2 Branche der verlagernden Unternehmen

Auch die Branche spielt bei der Verlagerung ins Ausland eine wichtige Rolle. In der nachfolgenden Tabelle ist zu erkennen, dass mehr als jedes zweite Unternehmen des Kraftfahrzeugbaus im Jahr 2008 plante seine Produktion ins Ausland zu verlagern. Auch bei den Elektrotechnikunternehmen, den Branchen der Medizin-, Mess-, Steuer- und Regelungstechnik plante immer noch jedes zweite Unternehmen eine Produktionsverlagerung. Weniger interessant ist dagegen eine Auslandsverlagerung für das Papier-, Druck-, oder auch Ernährungsgewerbe.[346]

---

[344] Vgl. Hutzschenreuter, Dresel, Ressler (2007) S. 43 ff.

[345] Vgl. Hutzschenreuter, Dresel, Ressler (2007) S. 43

[346] Vgl. o. V. (2008c) S. 13

Branche	Prozent
Kraftfahrzeugbau	56
Elektrotechnik	50
Medizin-, Mess-, Steuer- und Regelungstechnik	49
Gummi- und Kunststoffwaren	48
Maschinenbau	48
Chemische Industrie	47
Textil- und Bekleidungsgewerbe	39
Metallerzeugung und -bearbeitung	38
Holzgewerbe	33
Glas, Keramik, Steineverarbeitung	31
Ernährungsgewerbe	30
Papiergewerbe	26
Druckgewerbe	17

Tabelle5: Geplante (Teil) Produktionsverlagerung nach Branchen [347]

Eine weitere Unterteilung lässt sich im Hinblick auf den Industriezweig treffen. Hier ist zu erkennen, dass über 50 % der Unternehmen im Bereich der Dienstleistung über eine bestehende Verlagerung verfügen, gefolgt vom verarbeitenden Gewerbe (40 %) und von informationsverarbeitenden Unternehmen (38 %). Des Weiteren ist auffällig, dass bei Versorgungsunternehmen gerade einmal 13 % der Unternehmen über Offshoring-Aktivitäten verfügen.[348]

Die folgende Abbildung stellt den oben genannten Sachverhalt nochmals grafisch dar.[349]

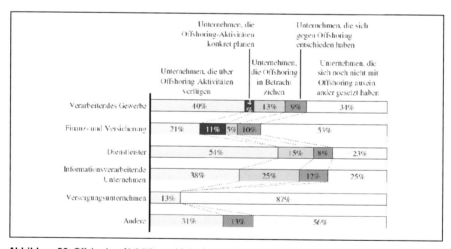

Abbildung26: Offshoring Aktivitäten abhängig vom Industriezweig

[347] Vgl. o. V. (2008c) S. 13

[348] Vgl. Hutzschenreuter, Dresel, Ressler (2007) S. 40

[349] Vgl. Hutzschenreuter, Dresel, Ressler (2007) S. 39

Betrachtet man die zeitliche Entwicklung von Verlagerungen in Abhängigkeit des Industriezweigs, so kann man erkennen, dass vor 1995 praktisch nur im verarbeitenden Gewerbe Funktionen ins Ausland verlagert wurden.[350] Wie man in nachfolgender Abbildung sehen kann, kamen erst nach 1995 Unternehmen aus anderen Bereichen hinzu.[351]

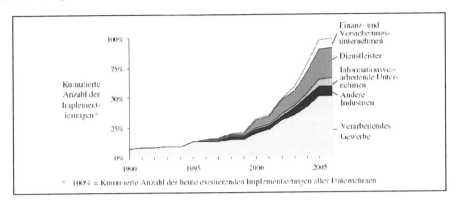

Abbildung27: zeitliche Entwicklung der Anteile der verschiedenen Industriezweige

6.3 Produkte der verlagernden Unternehmen

Auch die Art der Produkte spielt bei der Verlagerung ins Ausland eine Rolle. So plante Mitte der 90er Jahre jedes fünfte Unternehmen hauptsächlich lohnintensive Fertigungsteile in Länder mit günstigen Lohnkosten zu verlagern.[352]

Aufgrund der Ertragssituation verlagern Unternehmen heute aber auch wissens- und kapitalintensive Wertschöpfungsbereiche, wie Verwaltung, Vertrieb bis hin zur Unternehmensführung. Ein Grund hierfür ist die Komplexität der Produkte. Viele Produkte benötigen heute moderne Vertriebsstrukturen, wie Erstberatung, Finanzierung und Ersatzbeschaffung im Ausland, um sie verkaufen zu können.[353]

Im Allgemeinen lässt sich sagen, dass vor allem einfache, arbeitsintensive Tätigkeiten ins Ausland verlagert werden. Bei komplexen Produkten mit einem hohen Wertschöpfungsanteil wird die Bearbeitung eher in Deutschland durchgeführt.[354] Die Entscheidung ob ein Produkt im In- oder im Ausland gefertigt werden sollte, lässt sich gut im Zusammenhang mit einem U-förmigen Graphen darstellen. Die folgende Abbildung zeigt diesen Zusammenhang:[355]

---

[350] Vgl. Hutzschenreuter, Dresel, Ressler (2007) S. 45

[351] Vgl. Hutzschenreuter, Dresel, Ressler (2007) S. 46

[352] Vgl. Peters, Reinhardt, Seidel (2006) S. 73

[353] Vgl. Peters, Reinhardt, Seidel (2006) S. 73 f.

[354] Vgl. Peters, Reinhardt, Seidel (2006) S. 75

[355] Vgl. Peters, Reinhardt, Seidel (2006) S. 76

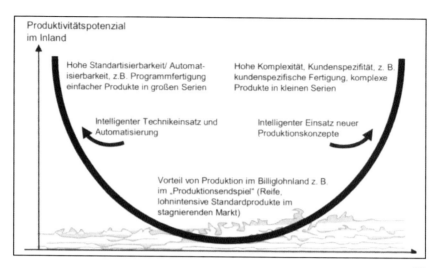

Abbildung28: Produktionsstandorte im Zusammenhang mit der Komplexität der Produkte [356]

Die Abbildung beschreibt den Zusammenhang zwischen der Komplexität eines Produktes und der Möglichkeit es im In- oder Ausland zu fertigen.

Sehr einfache Produkte können zu einem großen Teil mit einer hohen Automatisierungsrate hergestellt werden. Sie sind daher relativ unabhängig von den Lohnkosten und können daher in Deutschland hergestellt werden.[357]

Im Bereich von komplexen, hochqualitativen Produkten sieht es ähnlich aus. Sie erfordern eine größere Anzahl an gut ausgebildeten und qualifizierten Arbeitskräften und haben daher ein höheres Produktionspotenzial im Inland als im Ausland.[358]

Produkte im mittleren Komplexitätssegment haben ein hohes Produktionspotenzial im Ausland, weil sie meist lohnintensive Standartprodukte sind. Eine Produktion in einem Niedriglohnland ist daher von Vorteil.[359]

---

[356] Vgl. Peters, Reinhardt, Seidel (2006) S. 76

[357] Vgl. Peters, Reinhardt, Seidel (2006) S. 75

[358] Vgl. Peters, Reinhardt, Seidel (2006) S. 75

[359] Vgl. Peters, Reinhardt, Seidel (2006) S. 75

7 Offshoring am Beispiel der Wiedenmann GmbH

Nichts ist aussagekräftiger als ein Praxisbeispiel. Aus diesem Grund wird in diesem Kapitel zunächst das Standortland Ungarn der Wiedenmann GmbH allgemein vorgestellt und dabei auf seine Vorzüge, aber auch Nachteile als Standortalternative eingegangen. Danach folgen kurz Informationen zur Wiedenmann GmbH und deren Produkte. Anschließend wird der Offshoring-Prozess des Unternehmens erläutert.

7.1 Verlagerungsstandort Ungarn

Deutsche Firmen sind heute mit die wichtigsten Investoren und Arbeitgebern in Ungarn. 2003 waren in Ungarn 152.000 Mitarbeiter in deutschen Firmen beschäftigt, die einen Umsatz von 23 Milliarden Euro erwirtschafteten.[360]

Der Anteil deutscher Direktinvestitionen beträgt 29 % am Gesamtbestand ausländischer Direktinvestitionen in Ungarn. Dies entspricht einem Betrag in Höhe von 33,2 Milliarden Euro (Stand 2003). Somit ist Deutschland mit Abstand der größte Investor vor den Niederlanden und Österreich mit 20 % beziehungsweise 10 %.[361] Ein Grund hierfür ist die frühe Öffnung für ausländische Investoren. Auch, wie bereits angesprochen, spielen die historische Vergangenheit und die Nähe zur wirtschaftlich starken Region im Süden Deutschlands eine Rolle. Allerdings hat Ungarn in den letzten Jahren durch die Erhöhung des Lohnniveaus an Attraktivität verloren. Dem versucht aber die ungarische Regierung durch entsprechende Maßnahmen, wie Gewinnsteuersenkung oder Investitionsförderung, entgegenzusteuern.[362]

Wie man in nachfolgender Tabelle sehen kann, ist Ungarn neben Polen und Tschechien das wichtigste Investitionsziel deutscher Unternehmen in Osteuropa.[363]

Kennzahl	Einheit	Ungarn	Tschechien	Polen	Welt
Umsatz	Milliarden Euro	23,0	31,8	27,5	1352,9
Mitarbeiter	Anzahl in Tausend	152,0	203,0	192,0	4498,0
Direktinvestitionen	Milliarden Euro	9,8	11,3	8,0	665,8

Tabelle6: Aktivitäten Deutschlands in ausgewählten Ländern (2003)

Dennoch ist, wie die darauf folgende Tabelle zeigt, der Anteil deutscher Direktinvestitionen in diese Länder verglichen mit den weltweiten Auslandsaktivitäten deutscher Unternehmen relativ gering.[364]

---

[360] Vgl. Peters, Reinhardt, Seidel (2006) S. 57

[361] Vgl. Peters, Reinhardt, Seidel (2006) S. 57

[362] Vgl. Merten (2004) S. 204

[363] Vgl. Peters, Reinhardt, Seidel (2006) S. 58

[364] Vgl. Peters, Reinhardt, Seidel (2006) S. 58

	Maschinenbau	Fahrzeugbau	Chemie	Industrie gesamt
Direktinvestition in Ungarn	2,9 Mrd. €	0,3 Mrd. €	0,3 Mrd. €	9,6 Mrd. €
Direktinvestition weltweit	37,9 Mrd. €	53,7 Mrd. €	14,9 Mrd. €	665,8 Mrd. €

Tabelle7: Deutsche Direktinvestitionen in Ungarn und weltweit nach Branchen (2003)

7.1.1 Absatzmarkt

Ungarn hat etwa 10 Millionen Verbraucher mit wachsender Kaufkraft. Trotz wachsender Kaufkraft ist das Problem das zur Verfügung stehende Kapital eines jeden Haushalts. So verfügen nur knapp 20 % der Haushalte über ein Nettoeinkommen von über 12.000 Euro im Jahr.[365]

7.1.2 Lohnkosten und Verfügbarkeit von Arbeitskräften

Wie bereits im *Kapitel 3.1.1 Geringere Personalkosten* dargestellt und beschrieben wurde, sind die Lohnkosten im Vergleich zu Deutschland deutlich geringer.

Auch der Vergleich zu anderen wichtigen Offshore-Ländern in Mittel- und Osteuropa lässt Ungarn gut dastehen. Zwar sind die Nettolöhne im Vergleich zu Polen und der Tschechei etwas höher, dies wird aber durch die höhere Produktivität wieder ausgeglichen.[366]

Trotz der höheren Wachstumsrate der ungarischen Nettolöhne im Vergleich zu Deutschland wird sich in den nächsten Jahren nicht viel am Lohnkostenunterschied ändern. Zudem stehen mit Rumänien und der Ukraine zwei Standorte in unmittelbarer Nähe zur Verfügung, die sogar geringere Lohnkosten aufweisen als China.[367]

Die durchschnittlichen Gehälter unterscheiden sich auch stark innerhalb Ungarns. So liegen Löhne in Zentralungarn 15 % über den durchschnittlichen Löhnen in Ungarn. Dagegen entsprechen die Löhne im Osten und Südosten des Landes gerade einmal 85 % des nationalen Durchschnitts.[368]

Bei der Verfügbarkeit von Arbeitskräften gibt es in Ungarn starke regionale Unterschiede. Im westlichen Teil des Landes inklusive der Hauptstadt Budapest beträgt die Arbeitslosigkeit weniger als 5 %, was es den Unternehmen schwerer macht, Arbeitskräfte zu finden. Weitaus attraktiver für Produktionsstandorte sind der Süden, Osten und Norden des Landes. Dort weißt das Land eine deutlich höhere Arbeitslosenquote auf, was es den Unternehmen einfacher macht, Arbeitskräfte zu finden. Trauriger Spitzenreiter ist hier Nordungarn mit einer Arbeitslosigkeit von über 12 %.[369]

Die größte Verfügbarkeit von Arbeitskräften für die Produktion finden man in den ländlichen Gebieten in Ost-, Süd-, und Nordungarn. Wichtig hier ist aber das Einzugsgebiet des Standortes zu beachten. Ungarische Arbeitskräfte sind meist unmobil, da die finanziellen Mittel für einen Umzug nicht gegeben sind und oft fehlt ein zweites Auto in den Familien, so dass mindestens einer der beiden Partner auf öffentliche Verkehrsmittel

---

[365] Vgl. Merten (2004) S. 2004
[366] Vgl. Peters, Reinhardt, Seidel (2006) S. 69
[367] Vgl. Kaufmann, Panhans (2006) S. 70
[368] Vgl. o. V. (2007a) S. 14
[369] Vgl. o. V. (2007a) S. 12

angewiesen ist. Meist setzen daher Firmen Shuttle-Busse ein, um ihre Arbeitskräfte in der Umgebung zu befördern.[370]

7.1.3 Ausbildungsniveau

Das ungarische Ausbildungssystem ist eines der besten in Osteuropa. Sowohl für die allgemeine Schulausbildung, wie auch für die Berufs- und Hochschulausbildung.[371]

Ein Problem ist aber oft die mangelnde Ausstattung der Schulen. So ist es bspw. schwierig einen CNC-Mechaniker auszubilden, ohne die entsprechenden speziellen Maschinen und Ausstattungen.[372] Darüber hinaus gibt es in Ungarn kein duales Bildungssystem. So mangelt es den Absolventen meiste an praktischer Erfahrung. Aus diesen Gründen gehen die Unternehmen Kooperationen mit Universitäten und Fachschulen ein, um die Absolventen durch Praktika frühzeitig an sich zu binden und ihnen bereits im Studium praktische Fähigkeiten zu vermitteln. Auch die Schulung der ungarischen Mitarbeiter in Deutschland ist ein Mittel um die neuen Mitarbeiter zu qualifizieren.[373]

Bei einer Studie der deutsch-ungarischen Handelkammer und der Kienbaum Consulting beurteilten 26 % der Unternehmen das Ausbildungsniveau als gut. 64 % waren mit dem Ausbildungsniveau zufrieden und nur 10 % hielten es für mangelhaft. Aber auch hier zeigt sich ein West-Ost-Gefälle. So sind Arbeitskräfte in Westungarn im Durchschnitt besser Qualifiziert als ihre Kollegen in Ostungarn.[374]

7.1.4 Infrastruktur

Für viele Investoren ist die Infrastruktur in Ungarn ein Kritikpunkt. Das Autobahnnetz ist nur knapp 666 km[375] lang und erreicht bei weitem nicht alle Regionen. Des Weiteren sind die Landstraßen meist in einem schlechten Zustand. Vor allem Unternehmen in Nord- und Ostungarn beklagen die schlechte Infrastruktur.[376]

Des Weiteren sind eventuelle Standorte in Ost- und Nordungarn weiter von Deutschland entfernt als Standorte in Westungarn. Zusammen mit der mangelnden Infrastruktur im Osten Ungarns lässt dies die Transportzeit, aber auch die Transportkosten ansteigen. Auch notwendige Besuche aus dem Stammsitz in Deutschland oder Experten zur Reparatur von bspw. Produktionsmaschinen haben eine längere Anreise.[377]

Bei einer Standortentscheidung in Ungarn müssen Manager also verschieden Punkte berücksichtigen. So ist es im östlichen Ungarn leichter Arbeitskräfte zu finden, welche im Vergleich auch noch kostengünstiger sind. Auf der anderen Seite sind diese aber im Allgemeinen weniger gut qualifiziert und man hat mit Infrastrukturproblemen und einer größeren Entfernung nach Deutschland zu kämpfen.

---

[370] Vgl. Kaufmann, Panhans (2006) S. 106 f.

[371] Vgl. Kaufmann, Panhans (2006) S. 71

[372] Vgl. Kaufmann, Panhans (2006) S. 72

[373] Vgl. Kaufmann, Panhans (2006) S. 111

[374] Vgl. Kaufmann, Panhans (2006) S. 72 f.

[375] Vgl. o. V. (2009b) S.1

[376] Vgl. Kaufmann, Panhans (2006) S. 77

[377] Vgl. Kaufmann, Panhans (2006) S. 107

7.1.5 Inflation

In nachfolgender Tabelle sieht man die Entwicklung der Inflationsrate in Ungarn über die Jahre hinweg.[378]

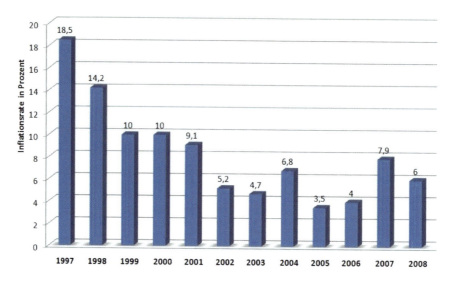

Abbildung29: Inflationsrate Ungarns von 1997 bis 2008

Wie man gut in der Abbildung sehen kann, entwickelt sich die jährliche Preissteigerung in Ungarn im Vergleich zu den 90er Jahren befriedigend. Dennoch konnte man die Kriterien der Eurozone nicht einhalten.[379]

Der große Anstieg der Inflationsrate von 2006 auf 2007 ist durch das Spar- und Belastungspaket zu erklären, welches die ungarische Regierung in der zweiten Hälfte 2006 eingeleitet hatte, um das Haushaltsdefizit einzuschränken. Durch diese Maßnahmen wurden bspw. Energiepreise bis zu 24,6 % teurer, da der Staat Subventionen kürzte.[380] In darauf folgenden Jahr sank die Inflationsrate aber wieder. Auch für das Jahre 2009 wird mit einer Verbesserung der Inflationsrate auf 4,7 % gerechnet.[381]

Durch den Anstieg der Lebensunterhaltskosten sind dann Unternehmen gezwungen höhere Löhne zu zahlen. Können diese Lohnerhöhungen nicht durch eine Preiserhöhung weitergegeben werden, sinken die Gewinne.[382]

7.1.6 Handelsbarrieren

Bereits im Vorfeld des EU-Beitritts schaffte Ungarn eine Vielzahl von Handelsbarrieren ab. So spielen heute Zölle oder Local-Content-Vorschriften keine Rolle mehr.[383]

Auch natürliche Handelsbarrieren, wie Transportzeit und Transportkosten haben sich durch den Wegfall von Grenzkontrollen verkürzt, bzw. verringert.[384]

---

[378] Vgl. o. V. (2009c) S.1
[379] Vgl. Kaufmann, Panhans (2006) S. 78 f.
[380] Vgl. o. V. (2009d) S.1
[381] Vgl. o. V. (2009e) S.1
[382] Vgl. Kaufmann, Panhans (2006) S. 78 f.
[383] Vgl. Kaufmann, Panhans (2006) S. 81

Das Problem des Wechselkursrisikos ist dennoch weiter vorhanden. Eine geplante Euro Einführung im Jahr 2010 ist nach aktuellen Meldungen derzeit aber unmöglich. Experten gehen davon aus, dass der Euro in Ungarn frühestens im Jahr 2015 eingeführt werden kann. Gründe hierfür sind die hohe Staatsverschuldung und die hohe Inflation. Diese Werte liegen derzeit weit über den Kriterien, welche für eine Euro-Einführung erreicht werden müssen. Experten in London haben derzeit aber etwas Hoffnung. Ungarn könnte bereits im kommenden Jahr am Wechselkursmechanismus II der Union teilnehmen.[385] Der Wechselkursmechanismus II (WKM II) ist ein Abkommen zwischen den Mitgliedsländern der Wirtschafts- und Währungsunion (Euro-Währungsgebiet) und den übrigen Staaten der Europäischen Union, welche noch nicht dem Euro-Währungsgebiet angehören. Der WKM II ist eine Möglichkeit, die Währungsbeziehungen zwischen den Euro- und Nicht-Euro-Ländern der EU zu koordinieren. So können Fremdwährungen an den Euro angepasst werden, indem man eine Kursschwankungsgrenze von 15 % ansetzt. Werden diese Grenzen überschritten, greift die Zentralbank ein. Zu große Wechselkursunterschiede und -schwankungen zwischen den Ländern sollen dadurch vermieden werden.[386] Dies ist die Vorstufe zur Einführung des Euro. Dadurch könnte die ungarische Währung, der Forint auch wieder an Wert gewinnen.[387]

7.1.7 Arbeitsbedingungen

In Unternehmen mit mehr als 50 Beschäftigten müssen Betriebsräte gebildet werden.[388]

Der Grundurlaub beträgt 20 Tage. Dieser wird altersabhängig alle drei Jahre um einen Tag Zusatzurlaub verlängert, wobei ein Maximum von 30 Tagen aber nicht überschritten wird. Im Falle von Krankheit beträgt die Lohnfortzahlung im Krankheitsfall 15 Tage. Für die Zeit eines Krankenhausaufenthalts stehen dem Arbeitnehmer 80% des Durchschnittsverdienstes zu.[389]

7.1.8 Wirtschaftspolitik

Mit seiner Wirtschaftspolitik setzt der Staat Rahmenbedingungen für unternehmerisches Handeln. Hier weißt Ungarn gravierende Defizite auf. Gerade bei Angelegenheiten mit der Thematik um Steuern, Verwaltung, Rechtssystem und transparente Marktbedingungen sind deutsche Unternehmen in Ungarn unzufrieden.[390]

Viele Unternehmen sind mit der Steuerbelastung und dem Steuersystem in Ungarn unzufrieden.[391]

Die stark wachsende Verschuldung Ungarns zwingt den Staat derzeit dazu, Personal abzubauen und neue Einkommensquellen zu erschließen. Dies geschieht häufig zu Lasten der Unternehmen. So versucht der Staat durch administrative Änderungen Teile seiner Aufgaben auf die Unternehmen zu übertragen.[392]

---

[384] Vgl. Kaufmann, Panhans (2006) S. 81

[385] Vgl. o. V. (2008, 2009) S.1

[386] Vgl. Görgens, Ruckriegel, Seitz (2004) S. 434 f.

[387] Vgl. o. V. (2008, 2009) S.1

[388] Vgl. Merten (2004) S. 205

[389] Vgl. Merten (2004) S. 205

[390] Vgl. Wölfer (2009) S. 16

[391] Vgl. Wölfer (2009) S. 17

[392] Vgl. Kaufmann. Panhans (2006) S. 75

Auch in Sachen Korruption weißt Ungarn keine guten Zahlen auf und belegt nur den 47ten Rang von 180 untersuchten Ländern (Stand 2008).[393] Einen Überblick über Korruption in einem Land bietet der Korruptionsindex, welcher von der Transparency International ermittelt wird. Eine grafische Darstellung wurde bereits im *Kapitel 4.3.3.8 Korruption* gegeben.

Deutschen Unternehmen verbietet der Unternehmenskodex die Bestechung von Beamten und Angestellten. Greifen aber Wettbewerber zu Korruption, haben dadurch deutsche Unternehmen einen Nachteil. Daher gibt jedes zehnte deutsche Unternehmen in Ungarn zu, schon einmal einen Beamten bestochen zu haben. Dennoch ist hier eine klare Verbesserung in Ungarn zu erkenne.[394]

7.1.9 Starker Wettbewerb

Ungarn ist kein Paradies für niedrigen Wettbewerb. In einigen Branchen gibt es starke ungarische Wettbewerber, die mit ihren günstigen Alternativprodukten für einen starken Preiswettbewerb sorgen.[395]

Darüber hinaus lässt das geringe Marktvolumen nicht viele Wettbewerber zu.[396]

7.1.10 Investitionsförderung

Eine Förderung erhält das Unternehmen bei der Schaffung von Arbeitsplätzen. Je Arbeitsplatz für einen registrierten Arbeitslosen bekommt das Unternehmen 4.800 Euro. Für einen nicht registrierten Arbeitslosen 4.000 Euro. Die Höchstsumme beläuft sich auf 250.000 Euro. In Regionen mit hoher Arbeitslosigkeit erhöht sich dieser Betrag auf bis 400.000 Euro.[397]

Weiter Fördermittel erhält man für die Stärkung der Wettbewerbsfähigkeit. Hier wird ein Investitionsbetrag von 400.000 Euro vorausgesetzt.[398]

7.1.11 Hilfe für ausländische Investoren

Die ITDH (Agentur Investment and Trade Development Agency Hungary) ist eine Agentur, bei der man erste Informationen bekommt, wenn man nach Ungarn verlagern möchte. Hat sich ein deutsches Unternehmen ernsthaft mit dem Thema Auslandsverlagerung auseinandergesetzt. Sollen also Fertigungen aufgebaut, Produktionsstätten errichtet oder Vertriebsagenturen gegründet werden, schaltet sich das zuständige von insgesamt 15 Regionalbüros ein. Zu den Aufgaben des Regionalbüros gehört es dann, auf ungarischer Seite Handels- und Kooperationspartner oder geeignete Standorte für Ansiedlungen zu finden. Diese Leistungen sind für Investoren kostenfrei.[399]

---

[393] Vgl. o. V (2008d) S.1
[394] Vgl. Kaufmann, Panhans (2006) S. 76
[395] Vgl. Kaufmann, Panhans (2006) S. 74
[396] Vgl. Kaufmann, Panhans (2006) S. 74
[397] Vgl. Merten (2004) S. 207 f.
[398] Vgl. Merten (2004) S. 208
[399] Vgl. Merten (2004) S. 207

7.2 Das Unternehmen

Alle Informationen aus diesem Kapitel resultieren aus einem persönlichen Gespräch mit dem geschäftsführenden Gesellschafter Herrn Horst Wiedenmann, welches am 6. Juli 2009 im Firmensitz in Rammingen stattfand.

Die Wiedenmann GmbH ist ein mittelständischer Maschinenbauer mit Hauptsitz in Rammingen bei Ulm, welcher 1964 von Gertrud und Georg Wiedenmann gegründet wurde. Beständigkeit und Zuverlässigkeit zählen von Beginn an zur Firmenphilosophie und formten den Leitsatz "Nur das Beste". Mit dieser Philosophie hat sich die Wiedenmann GmbH zu einem führenden Unternehmen entwickelt. Heute wird das Unternehmen von den Söhnen Jürgen, Horst und Uwe Wiedenmann erfolgreich geleitet.

Die Firma Wiedenmann GmbH ist Spezialist für Maschinen für Rasen-, Sportplatz- und Golfplatzpflege, sowie für Winterdienst- und Schmutzbeseitigungsmaschinen und ist in vielen dieser Bereiche heute Marktführer. Derzeit beschäftigt das Unternehmen 250 Mitarbeiter, davon 150 im Ausland. Das Unternehmen ist sehr früh den Weg der Internationalisierung gegangen. Ein erster Schritt war die Gründung einer Tochterfirma in Ungarn im Jahre 1992. Parallel dazu hat sich Wiedenmann auf den Weltmarkt ausgerichtet. Eine Exportquote von heute etwa 70 % verdeutlicht, wie global das Unternehmen inzwischen aufgestellt ist. Die Maschinen werden heute bereits in 35 Ländern weltweit verkauft. Weitere Informationen zum Unternehmen und deren Produkte findet man auch auf der Firmenhomepage *http://www.wiedenmann.de/de_startseite.CMS?ActiveID=7*

7.2.1 Zielmärkte

Knapp drei Viertel der Produktion geht heute in den Export - neben Europa in die Boommärkte in Nordamerika und Asien, aber auch nach Australien und sogar nach Afrika. Das größte Potenzial liegt definitiv in Asien. Viele der dortigen Länder sind die Gewinner der Globalisierung und investieren kräftig in repräsentative Sport- und Grünanlagen.

Beratung, Vertrieb und After-Sales-Service erfolgen durch die internationalen Abteilungen und durch Mitarbeiter von Rammingen aus. Die oben angesprochenen internationalen Abteilungen sind meist Handelspartner in wichtigen Märkten, die die Produkte selbstständig importieren, verkaufen und den Kundenservice dafür übernehmen.

7.2.2 Motiv für Offshoring-Entscheidung

Ziel war der Ausbau der Exportquote. Exportländer zu diesem Zeitpunkt waren Österreich und die Schweiz. Der Versuch in neue, lukrative Märkte, wie Frankreich oder England, einzusteigen, erwies sich als schwierig, da man preislich nicht mit der Konkurrenz mithalten konnte. Aus diesem Grund mussten die Kosten erheblich gedrückt werden, um konkurrenzfähig zu ausländischen Herstellern zu sein. Dies zwang das Unternehmen dazu, dass Lieferanten aus Osteuropa benötigt wurden, um Zulieferteile, aufgrund der niedrigeren Lohnkosten in Osteuropa, zu einem erheblich billigeren Preis beziehen zu können.

7.2.3 Verlagerungsprozess

Das Unternehmen hatte bis 1985 einen Exportanteil von etwa 15 %. Ab 1986 baute das Unternehmen Lieferanten in Slowenien und Kroatien auf, da diese Länder einen großen westlichen Bezug hatten und so die Kosten verringert werden konnten. Als dann 1988 die Unruhen im ehemaligen Jugoslawien begannen und man nicht sicher sein konnte, wie sich dies auf die Länder Slowenien und Kroatien auswirke, machte sich die Wiedenmann GmbH auf die Suche nach neuen Lieferanten in Osteuropa. Durch eine Länder- und

Standortanalyse (*siehe nachfolgendes Kapitel 7.2.4 Länder- und Standortanalyse*) wurde man am heutigen Standort Beled/Ungarn fündig. Mit der Zusammenarbeit wurde im Jahre 1989 begonnen. Im Jahre 1992 wurde das Werk vom ungarischen Staat privatisiert und wurde der Wiedenmann GmbH zum Kauf angeboten. Da der Standort Beled ein wichtiger Lieferant war, hat das Unternehmen das Werk im Jahre 1992 auch aufgekauft. Ende 1992 wurde dann innerhalb von 2 Wochen die gesamte Fertigung von Deutschland nach Ungarn verlagert. Da die ungarischen Mitarbeiter zuvor in Rammingen sehr gut eingearbeitet waren und die Arbeiten an den Maschinen kannten, war es möglich, dass innerhalb von 2,5 Wochen in Ungarn mit deutschen Maschinen Teile gefertigt werden konnten. Ungarn liefert seit 1992 somit alle Fertigungsteile für Rammingen. Die Prozesse wurden in den letzten Jahren mit Deutschland harmonisiert, so dass Ungarn heute nach den gleichen Methoden, wie Rammingen arbeitet. Die Montage erfolgt heute zu etwa 30 % in Ungarn und zu 70 % in Deutschland. Mit dem Standort Ungarn ist es dem Unternehmen gelungen die Exportquote auf über 70 % auszubauen. Grund war, wie bei den Motiven bereits erwähnt, die geringeren Lohnkosten, so dass das Unternehmen seine Produkte im Wettbewerb zu ausländischen Herstellern anbieten konnte.

Das Projektteam, das für die Verlagerung verantwortlich war, setzte sich dabei aus Herrn Horst Wiedenmann und einem Mitarbeiter aus der Arbeitsvorbereitung zusammen. Dieser Mitarbeiter war zugleich Projektleiter und gab die verschiedenen Aufgaben (Einlernen der ungarischen Mitarbeiter, Transportunternehmen beauftragen, etc.) an die einzelnen Personen weiter. Die Basis war ein detaillierter Projektplan, der eine sehr enge Zeitschiene hatte. Für die Verlagerung der Fertigung hatte man maximal 3 Wochen Zeit, da man sonst nicht mehr in der Lage gewesen wäre, die Produkte zu liefern. Der gesamte Offshoring-Prozess zog sich dabei über ein Jahr.

7.2.4 Länder- und Standortanalyse

Als Ziel wurde von der Firma Wiedenmann die Erhöhung der Exportquote definiert. Um dies zu Erreichen, musste man an einem Standort produzieren, der kostengünstiger Fertigungsteile herstellen konnte, als dies in Deutschland möglich war. In Frage kamen daher nur Länder in Osteuropa. Mit dieser Eingrenzung der möglichen Standorte begann man dann eine Standortanalyse durchzuführen. Zunächst wurden die Standortfaktoren ermittelt, die für ein positives Gelingen der Verlagerung ausschlaggebend waren. Diese waren:

* Politische Sicherheit
* Logistikwege nach Deutschland
* Arbeitskräfte
* Staatliche Subventionen

Natürlich waren darüber hinaus auch die Lohnkosten ein wichtiger Faktor für das Unternehmen. Da diese aber im Jahr 1989 allgemein in Osteuropa gering waren, spielten zunächst die oben erwähnten Punkte die ausschlaggebende Rolle.

Politische Sicherheit

Wenn man sich im Jahre 1989 Osteuropa angeschaut hatte, war Ungarn das Land, das politisch am stabilsten war. In Ländern, wie Polen, der ehemalige Tschechoslowakei, Rumänien oder Bulgarien war die politische Stabilität nicht gegeben. Ungarn hatte zu diesem Zeitpunkt zudem sehr gute westeuropäische Kontakte.

Logistikwege nach Deutschland

Von Beled bis zur Grenze zu Österreich sind es etwa 60 km. Da Beled somit im äußersten Westen Ungarns liegt, müssen nur wenige Kilometer in weniger gut infrastrukturierten und ländlichen Gebieten in Ungarn zurück gelegt werden. Um die Fertigungsteile von Beled bis in das 700 km entfernte Rammingen zu transportieren, können daher zum Großteil gut ausgebaute Autobahnen von Ostösterreich bis Rammingen verwendet werden.

Arbeitskräfte

Im Jahre 1989 war nur sehr wenig Industrie in Westungarn angesiedelt und somit standen genügend Arbeitskräfte zur Verfügung. Die Ausbildung der Arbeitskräfte war aber nur mangelhaft, da das Bildungssystem in Ungarn, wie in ganz Osteuropa nicht sehr gut war. Aufgrund des schlechten Bildungssystems in ganz Osteuropa war dies aber kein Nachteil für den Standort Ungarn.

Staatliche Subventionen

Die Wiedenmann GmbH hatte in den ersten fünf Jahren eine Steuerfreiheit. Das heißt, dass in den ersten fünf Jahren, bei angefallenen Gewinnen keine Steuern abgeführt werden mussten.

Nachdem man sich für den Standort Ungarn entschieden hatte, wurden verschiedene mögliche Zulieferer in Ungarn besucht. Bei der Suche nach möglichen Zulieferern in Ungarn erhielt Wiedenmann Unterstützung durch den BWI. Dieses Institut unterstützt Unternehmen in Baden-Württemberg bei Unternehmensansiedlungen und Unternehmenskooperationen im Ausland und steht den Firmen als erster Ansprechpartner zur Seite.

Durch das Aussenden von Teams an die ermittelten Standorte, zur Durchführung von Audits vor Ort, hat man dann die Anforderungen, die man an den Zulieferer stellt mit den Möglichkeiten, die er bietet verglichen. Hier viel die Wahl dann auf den Standort Beled. Das dort ansässige Unternehmen Rekard war zudem ein Staatsbetrieb, der landwirtschaftliche Maschinen herstellte, die denen der Wiedenmann GmbH ähnlich waren. Aufgrund der durchgeführten Audits und deren Erfahrung als Landwirtschaftsmaschinenhersteller entschied man sich schlussendlich für den Standort Beled.

7.2.5 Verlagerungshindernisse und nachträgliche Erkenntnisse

Das größte Problem mit dem das Unternehmen in den letzten 15 Jahren zu kämpfen hatte, war das Sensibilisieren der Mitarbeiter für eine notwendige Qualität der Produkte. Ungarn war von der Historie gewohnt aus Nichts eine Maschine zu produzieren. Man musste daher enorme Anstrengungen unternehmen, um den Mitarbeitern in Ungarn zu erklären, dass nur Teile mit ausreichend guter Qualität für die Weiterverarbeitung geeignet waren. Für einen ungarischen Bürger war dies Verschwendung von Geld, wenn man Schrottteile rausgeschmissen hat. Auf Grund dessen machte das Unternehmen in den letzten Jahren starke Sondierungsmaßnahmen, wenn Mitarbeiter dies nicht einsehen wollten. Das heißt, dass nur Mitarbeiter weiter gefördert wurden, die den Prozess, dass ein Fertigungsstück eine ausreichende Qualität benötigt, verstanden.

Die Sprache war in der Vergangenheit ein weiteres großes Problem, welches nur mit Dolmetscher zu meistern war. Heute sprechen alle Führungskräfte in Ungarn deutsch. Auch die Amtssprache zwischen Deutschland und Ungarn ist die deutsche Sprache.

Ein großes Problem war in der Vergangenheit auch der Zoll. LKWs standen teilweise tagelang an der Grenze. Nach Eintritt Ungarns in die EU läuft dies aber problemlos.

Ungarn hat, wie alle osteuropäischen Staaten, ein Ausbildungsniveau für Facharbeiter, welches dem deutschen Niveau um Jahrzehnte hinterherhinkt. Einen Schlosser gibt es in Osteuropa nicht. Es gibt nur einen Dreher, einen Schweißer, etc. Eine breite Ausbildung, wie sie in Deutschland üblich ist, gibt es nicht. Dies hatte zur Folge, dass das Unternehmen dafür sorgen muss, dass die Mitarbeiter auf das jeweilige notwendige Ausbildungsniveau geschult werden mussten bzw. immer noch geschult werden müssen.

Zum Zeitpunkt 1992 waren die Lohnkosten in Ost- und Westungarn nahezu gleich. Dies veränderte sich ab Bau des Werkes von Audi in Györ (Westungarn). Immer mehr Industrieunternehmen siedelten sich in Westungarn an. Dies hatte zur Folge, dass sich die Lohnkosten im Westen erheblich schneller nach oben entwickelt haben, wie im Osten und Süden des Landes. Aus heutiger Sicht wäre der Standort Ost- bzw. Südungarn für das Unternehmen Wiedenmann von Vorteil. Lohnkosten sind dort etwa 10-15 % niedriger, als im Westen.

Die ungarische Währung, der Forint ist sehr wechselhaft. Weiter hat Ungarn nach wie vor eine sehr hohe Inflationsquote. Lohnkostensteigerungen von 5-8 % in den vergangenen Jahren waren die Regel. Vorteil war aber hier, dass dies auf Grund des Wechselkurses immer wieder sehr stark aufgefangen werden konnte.

7.2.6 Erzielte Erfolge

Die Erfolge, die das Unternehmen durch die Verlagerung ins Ausland erzielte sind beträchtlich. So fand eine Umsatzverdoppelungen im Zeitraum von 6-8 Jahren statt und eine Exportquote von heute über 70 %. Des Weiteren ist die Wiedenmann GmbH heute Weltmarktführer bei verschiedenen seiner Produkte. Auch die Frage, ob das Unternehmen den Schritt der Verlagerung nach Beled wieder gehen würde wurde mit ja beantwortet.

8 Zusammenfassung und Ausblick

Die Ausführungen dieser Arbeit haben gezeigt, dass eine Verlagerung von Prozessen ins Ausland für immer mehr Unternehmen eine attraktive Alternative zum Standort Deutschland darstellt.

Wie wir sehen konnten stiegen die Direktinvestitionen ins Ausland kontinuierlich von Jahr zu Jahr an. Der größte Anstieg an Direktinvestitionen verzeichnet Europa und Asien.
  In Europa sind es vor allem die Staaten Ost- und Mitteleuropas, die steigende Investitionen verzeichnen. Gründe hier sind das Kosteneinsparpotenzial durch geringe Personalkosten und das Motiv der Erschließung neuer Märkte, welches in der heutigen Zeit eine immer wichtiger werdende Rolle spielt. Zu erwähnen ist noch, dass die Staaten Westeuropas als Standort für Produktionen immer mehr an Bedeutung verliert. Vielmehr spielt hier das Festigen bzw. Ausbauen von Märkten eine wichtige Rolle.
  In Asien sind es vor allem die Staaten China und Indien in welche deutsche Investoren Kapital investieren. Vor allem große Unternehmen sehen China als wichtigen Standort. China vereint günstige Personalkosten und einen schier unendlichen Markt miteinander. Des Weiteren müssen deutsche Unternehmen oft Local-Content Vorschriften einhalten oder nutzen den Standort China als Sprungbrett in den asiatischen Raum. Für kleinere Unternehmen ist der Standort China oft uninteressant, da ein enormer finanzieller Aufwand notwendig ist und Risiken, wie die nicht vorhandenen Transparenzen bei rechtlichen Fragen und ein politisches Risiko, auf das Unternehmen zukommen.
  Indien ist vor allem bei der Verlagerung von IT-Prozessen interessant.

Bei den Motiven die zu Offshoring-Prozessen führen, gewinnen neben dem traditionell angeführten Kosteneinsparungsmotiv, verstärkt auch andere Kriterien an Bedeutung. So steht immer öfter die Erschließung neuer Märkte im Focus deutscher Unternehmen. Um Informationen von Kundenverhalten zu erhalten ist es oft notwendig vor Ort ansässig zu sein. Oft sind die Produkte auch so komplex geworden, dass Kundennähe notwenig ist, um Produkte zu erklären oder After-Sales-Service durchführen zu können. In der Zeit der zunehmenden Globalisierung ist die internationale Marktteilnahme unverzichtbar, um auch in Zukunft wettbewerbsfähig zu bleiben. Aus diesem Grund streben neben großen Unternehmen auch immer mehr kleine und mittlere Unternehmen Prozesse ins Ausland zu verlagern.

Bei der Entscheidung den optimalen Standort zu finden ist ein gute Vorbereitung extrem wichtig. Die Unternehmen müssen sich zunächst im Klaren sein, welche Ziele mit der Verlagerung ins Ausland verbunden sind. Je nach dem, wie die Ziele gesteckt wurden, entscheiden dann die Standortfaktoren über den optimalen Standort. Hier ist die Informationsbeschaffung ein besonders wichtiger Punkt. Nur mit aussagekräftigen Informationen zu den Standortfaktoren kann eine optimale Entscheidung getroffen werden. Bei der Entscheidungsfindung kommen dann verschiedene Methoden zum Einsatz. Vor allem die Methode der Standort-Nutzwertanalyse kommt bei der Entscheidungsfindung oft zum tragen. Aber auch individuelle Erfahrungspotenziale und persönliche Präferenzen, in Kombination mit verschiedenen Methoden zur Entscheidungsfindung, entscheiden immer häufiger über Standorte.

Wie wir in der Arbeit sehen konnten sind die Motive und die damit verbundenen Chancen für ein Unternehmen vielseitig. Wichtig wird in der Zukunft sein, dass Firmen die Vorteile, welche Offshoring mit sich bringt, bestmöglich nutzen und dabei aber die auftretenden Risiken nicht vernachlässigen.
  Offshoring wird aller Voraussicht nur ein Vorreiter einer grundlegenden Veränderung in Unternehmen sein. In Zukunft wird es für Unternehmen wichtig sein, die Ressourcen weltweit zu organisieren. Je nach dem welchen Bedarf ein Unternehmen an Mitarbeitern

hat, müssen Unternehmen in verschiedenen Regionen der Welt auf einen Pool von Mitarbeitern zugreifen könne. Dazu ist die Möglichkeit erforderlich, Personal weltweit zu rekrutieren. Des Weiteren müssen Führungskräfte immer mehr für ausländische Märkte sensibilisiert werden um Ressourcen global zu managen.[400]

Durch Offshore-Aktivitäten richten sich Unternehmen heute schon auf bevorstehende Veränderungen ein. So kann dem demografischen Wandel vorgebeugt werden und somit Engpässen an heimischen Fachkräften entgegengewirkt werden. Zusätzlich können Unternehmen sich heute schon auf zukünftigen Zielmärkten etablieren.[401]

Abschließend ist noch zu erwähnen, dass der derzeitige Offshoring-Trend ein Phänomen ist, dem aber nicht alle Unternehmen folgen müssen. Bei großen Unternehmen die international tätig sind, sind Offshoring-Aktivitäten ohne Zweifel ein Muss um dem Wettbewerbsdruck stand halten zu können. Bei vielen kleinen oder mittleren Unternehmen sind die Voraussetzungen aber oft einfach nicht gegeben, um ein Offshoring-Projekt über einen langfristigen Zeitraum erfolgreich zu gestalten. Trotz der Chancen sind immer auch die Risiken die eine Verlagerung mit sich bringt zu bedenken. Daher sollte jedes Unternehmen individuell entscheiden zu welchem Zeitpunkt oder ob überhaupt eine Verlagerung ins Ausland der richtige Weg für das Unternehmen ist.

---

[400] Vgl. Hutzschenreuter, Dresel, Ressler (2007) S.195 ff.
[401] Vgl. Ries (2008) S. 12

Autorenvita

Jan Hartmann wurde am 9.9 1982
in Würzburg geboren. Nach seiner
Berufsausbildung zum Mechatroni-
ker, entschied sich der Autor, seine
fachlichen Qualifikationen durch
ein Studium des Wirtschaftsingeni-
eurwesens weiter auszubauen.
Das Studium an der Hochschule Aschaffenburg schloss er im Jahre 2009 erfolgreich ab.
Bereits während des Studiums sammelte Herr Hartmann umfassende praktische Erfahrungen in der Logistik und Produktionstechnik. Schon immer interessierte er sich hier, wie
man die Vorteile der Globalisierung in den Bereichen eines Unternehmens nutzen könne.
Vor allem Osteuropa faszinierte Ihn hier sehr. Hier verbrachte der Autor auch Zeit in Form
eines Auslandssemesters und schrieb dort einen Großteil dieser Veröffentlichung.

Literatur- und Quellenverzeichnis

Autschbach, J. (1997) Internationale Standortwahl – Direktinvestitionen der deutschen Automobilindustrie in Osteuropa; Wiesbaden 1997

Beck, L. (2005) Direktinvestitionen im Ausland – Motive, Effekte, Standortwahl und Risikomanagement – Eine theoretisch-empirische Analyse unter besonderer Berücksichtigung der deutschen Direktinvestition in Südafrika. Dissertation

Becker, H. (2007) Auf Crashkurs: Automobilindustrie im globalen Verdrängungswettbewerb; 2. Auflage; Berlin 2007

Becker, J. (1992) Marketing Konzeption – Grundlagen des strategischen Marketing-Management; München 1992

Berndt, R. (2007) Internationale Wettbewerbsstrategien - Die globale Wirtschaft und die Herausforderung China; Berlin 2007

Boes, A. / Schwemmle, M. (2004) Herausforderung Offshoring - Internationalisierung und Auslagerung von IT-Dienstleistungen; Düsseldorf 2004

Deuster, J. (1996) Internationale Standortverlagerung deutscher Unternehmen - Systematisierung, Bestimmungsfaktoren, Auswirkungen; Wiesbaden 1996

Dressler, S. (2007) Shared Services, Business Process Outsourcing und Offshoring – Die moderne Ausgestaltung des Back Office – Wege zur Kostensenkung und mehr Effizienz im Unternehmen; Wiesbaden 2007

Dülfer, E. / Jöstingmeier, B. (2008) Internationales Management in unterschiedlichen Kulturbereichen. München 2008

Englisch, P. (2008) Standort Deutschland 2008 – Deutschland und Europa im Urteil internationaler Manager. Ernst & Young AG 2008

Görgens, E. / Ruckriegel, K. / Seitz, F. (2004) Europäische Geldpolitik - Theorie, Empirie, Praxis; 4. Auflage; Stuttgart 2004

Goette, T. (1993) Standortpolitik internationaler Unternehmen; Wiesbaden 1994

Groeger, H. / Karenberg, L. / Kemminer, K. / Schröder H. (1987) Standort Ausland - Arbeitshandbuch für das international planende Unternehmen; Stuttgart 1987

Hansmann, K.-W. (2006) Industrielles Management – 8 Auflage; Oldenbourg 2006

Höh, H. (2008) Statistisches Bundesamt - Engagement deutscher Unternehmen im Ausland. Abgerufen am 28. Juli 2009
http://www.destatis.de/jetspeed/portal/cms/Sites/destatis/Internet/DE/Navigation/Publikatio-
nen/STATmagazin/2008/Unternehmen2008__4,templateId=renderPrint.psml__nnn=tr
ue

Hüttenrauch, J. / Jaik, T (2005) Nicht-tarifäre Instrumente der Außenhandelspolitik im Vergleich; Seminararbeit

Hummel, B. (1997) Internationale Standortentscheidung: Einflussfaktoren, informatori-sche Fundierung und Unterstützung durch computergestützte Informationssysteme; Freiburg 1997

Hutzschenreuter, T. / Dresel, S. / Ressler, W. (2007) Offshoring von Zentralbereichen – Von den Erfahrungen deutscher und amerikanischer Unternehmen lernen; Berlin Heidelberg 2007

Jahns, C. / Hartmann, E. / Bals, L. (2007) Offshoring: Analyse der Hindergründe und Potenziale. Erschienen in: Insourcing, Outsourcing, Offshoring – Tagungsband der Herbsttagung 2005 der Wissenschaftlichen Kommission Produktionswirtschaft im VHB; Wiesbaden 2007

Kaufmann, L / Panhans, D. (2006) Managementhandbuch Mittel- und Osteuropa – Wie deutsche Unternehmen Ungarn und Tschechien für ihre globalen Strategien nutzen; Wiesbaden 2006

Kaufmann, L . /Panhans, D. / Poovan, B. / Sobotka, B. (2005) Die niedrigen Löhne locken, in io new management Nr. 11 | 2005 S. 47-50 aus der Reihe „Business in China"

Kinkel, S. / Lay G. (2004) Produktionsverlagerung unter der Lupe - Entwicklungstrends bei Auslandsverlagerung und Rückverlagerung deutscher Firmen. Fraunhofer Institut Systemtechnik und Innovationsforschung

Klingebiel, N. (2006) Total cost of offshoring - Vollständige Kostenvergleiche bei Verlagerungen in Niedriglohnländer. Erschienen 2006 in „Der Schweizer Treuhänder" S. 717 - 722

Merten, H. L. (2004) Standortverlagerung – Durch Brückenschlag ins Ausland Steuern und Kosten sparen; Wiesbaden 2004

o. V. (2004) Electronic Commerce Info Net. Offshoring: Globalisierungswelle erfasst Dienstleistungen. Abgerufen am 4. Juli 2009
http://www.ecin.de/strategie/offshoring-dienstleistungen/index-3.html

o. V. (2005) DGB Einblick – Lohnkostenentwicklung. Abgerufen am 15. Juli 2009
http://www.einblick.dgb.de/grafiken/2005/15/grafik04/

o. V. (2006a) Fachkräftemangel heizt den Offshore-Trend an. Abgerufen am 2. Juni 2009
http://www.pcwelt.de/it-profi/business-ticker/585242/fachkraeftemangel_heizt_den_offshore_trend_an/

o. V. (2006b) IHK – Offenbach am Main. Investitionsart – Direktinvestitionen im Ausland. Abgerufen am 21. Juli 2009
http://www.offenbach.ihk.de/international/pdf/mb_investitionsarten.pdf

o. V. (2006c) Deutsche Bundesbank – Monatsbericht September 2006

o. V. (2007a) KSH, Hungarian Central Statistic Office – Hungary 2007

o. V. (2007b) Zukunft Europa. Abgerufen am 30. Juli 2009
http://www.zukunfteuropa.at/site/4664/default.aspx

o. V. (2008a) Mussenbrock & Wang - Pressemitteilung: Absatzmarkt China. Abgerufen am 30. Mai 2009
http://www.mussenbrockwang.com/index.php/pressreader/items/absatzmarkt-china.html

o. V. (2008b) Fachkräftemangel - Jedes zweite Unternehmen holt sich ausländische Experten. Abgerufen am 2. Juni 2009
http://www.pcwelt.de/start/software_os/wissen_lernen/news/189238/jedes_zweite_unternehmen_holt_sich_auslaendische_experten/

o. V. (2008c) Investitionen im Ausland - Ergebnisse einer DIHK-Umfrage bei den Industrie- und Handelskammern; Herausgeber: © Deutscher Industrie- und Handelskammertag | Berlin | Brüssel

o. V. (2008d) Corruption Perceptions Index 2008. Abgerufen am 19. Juni 2009
http://www.transparency.de/Tabellarisches-Ranking.1237.0.html

o. V. (2008, 2009) Euroanwärter: abgerufen am 28. Juni 2009
http://www.euro-anwaerter.de/anwaerter/ungarn.html
http://www.euro-anwaerter.de/news/newsdetail/artikel/forint-unter-druck-1224889730.html
http://www.euro-anwaerter.de/news/newsdetail/artikel/ungarn-weit-von-der-euroeinfuehrung-entfernt-1243362737.html

o. V. (2009a) Deutsche Bundesbank. Bestandserhebung über Direktinvestitionen – Statische Sonderveröffentlichung 10

o. V. (2009b) Ungarisches Autobahn-Portal. Abgerufen am 19. Juni 2009
http://www.autobahn.hu/engine.aspx?page=AUTOBAHNEN

o. V. (2009c) EUROSTAT. Abgerufen am 28. Juni 2009
http://epp.eurostat.ec.europa.eu/tgm/table.do?tab=table&init=1&plugin=1&language=en&pcode=tsieb060

o. V. (2009d) ORF. Abgerufen am 28. Juni 2009
http://volksgruppen.orf.at/kroatenungarn/aktuell/stories/78723/

o. V. (2009e) Wirtschaftskammer Österreich. Abgerufen am 28. Juni 2009
http://wko.at/statistik/eu/wp-ungarn.pdf

Peters, S. / Reinhardt, K. / Seidel H. (2006) Wissen verlagern: Risiken und Potenziale von Standortverlagerungen; Wiesbaden 2006

Pott, P. (1983) Direktinvestitionen im Ausland – Investitionsmotive, Standortfaktoren und Hilfsmittel bei der Entscheidung für die optimale Auslandsinvestition; München 1983

Prognos AG (1977) Standortpolitik und Unternehmensplanung – Band 2; Basel 1977

Ries, F (2008) Entscheidungsprozess und Erfolgsfaktoren des Offshore Outsourcing wissensintensiver Dienstleistungen; Studienarbeit

Schaaf, J. (2004) Offshoring: Globalisierungswelle erfasst Dienstleistungen. Deutsch Bank Research. Abgerufen am 23. Juni 2009
http://www.ecin.de/strategie/offshoring-dienstleistungen/index.html

Schulte, A. (2002) Das Phänomen der Rückverlagerung – Internationale Standortentscheidung kleiner und mittlerer Unternehmen; Wiesbaden 2002.

Specht, D / Lutz, M. (2007) Outsourcing und Offshoring als strategische Handlungsalternative. Erschienen in: Insourcing, Outsourcing, Offshoring – Tagungsband der Herbsttagung 2005 der Wissenschaftlichen Kommission Produktionswirtschaft im VHB; Wiesbaden 2007

Steimle, T. (2007) Softwareentwicklung im Offshoring – Erfolgsfaktoren in der Praxis; Berlin Heidelberg 2007

Stremme, U. (2000) Internationales Strategisches Produktionsmanagement; Frankfurt am Main 2000

Tesch, P. (1980) Die Bestimmungsgründe des internationalen Handels und der Direktinvestition; Darmstadt 1980

Welge, M / Holtbrügge, D. (2003) Internationales Management – Theorien, Funktionen, Fallstudien; 3. Auflage: Stuttgart 2003

Wenning, P. (2006) Internationales Outsourcing in der Praxis - Motivation, Konzepte, Risiken; Saarbrücken 2006

Wiesner, K. (2005) Internationales Management; München 2005

Wöhe, G. (2000) Einführung in die Allgemeine Betriebswirtschaftslehre; 20 Auflage; München 2000

Wölfer, D. (2009) AHK – Konjunkturbericht MOE 2009

10069964R00059

Printed in Germany
by Amazon Distribution
GmbH, Leipzig